MEDIUM ÆVUM MONOGRAPHS
NEW SERIES

I0661456

SERIES EDITORS
S. HUOT, A. J. LAPPIN,
N. F. PALMER, C. SAUNDERS

MEDIUM ÆVUM MONOGRAPHS
NEW SERIES, XXVI

THREE ANGLO-NORMAN TREATISES ON FALCONRY

edited by
TONY HUNT

The Society for the Study of
Medieval Languages and Literature
Oxford
2009

THE SOCIETY FOR THE STUDY OF
MEDIEVAL LANGUAGES AND LITERATURE

http://mediumaevum.modhist.ox.ac.uk

British Library Cataloguing in Publication Data

A catalogue record for this book
is available from the British Library

ISBN-13: 978-0-907570-64-6 (pb)

First published, in hardback, 2009
This reprint, with minor typological
corrections, published 2016

CONTENTS

INTRODUCTION

Falconry has been described with these words: 'the art of flying trained hawks at wild quarry in their natural environment. The objective is to fly a suitable hawk at selected quarry in the right type of country, so that a sporting flight results.'[1] In one form or another, it has been suggested, it was already established in the Middle and Far East by 2000 BC., perhaps considerably before that in Mongolia. The evidence from ancient China suggests extraordinary parallels with techniques used today. Yet it is possible that Iran has even stronger claims as the cradle of falconry. At any event, it produced in the twelfth-century AD *Baznameh-e-Naseri*, commissioned by the Qajar king Naseraddin Shah. Beyond this, the early evidence is ambiguous and often contested.

Anglo-Norman treatises on falconry, which include both the training of young birds and their treatment in disease, stem from a vigorous compilatory activity in the twelfth century, which was in turn indebted to Germanic and Arabic sources.[2] The first compilations, some of which date from the

1. R. Upton, *Falconry: Principles and Practice* (London, 1991), p.7. For a practical introduction to falconry see also P. Glasier, *Falconry and Hawking* (London, 1978, 1986, 1998); M. H. Woodford, *A Manual of Falconry*, Fourth ed., updated and with additions by Roger Upton (London, 1987); E. Ford, *Falconry: Art and Practice,* rev. ed. (London, 1995); J. Cummins, *The Hound and the Hawk: the Art of Medieval Hunting* (London, 1988). See also the comprehensive study of B. Van den Abeele, *La Fauconnerie au Moyen Age: connaissance, affaitage et médicine des oiseaux de chasse d'après les traités latins* (Paris, 1994).

2. See D. Evans, 'La tradition de fauconnerie en vers provençaux: *Dels auzels cassadors*, son intérêt culturel', in *La Chasse au moyen âge: Actes du*

early part of that century,[3] are in Latin and constitute an important source of later vernacular treatments. The process of their agglomeration is illustrated by MS 15 (s.xiii²) of Clare College, Cambridge, in which is found (ff. 185–187) a compendium called 'Practica avium', to which attention was first drawn by C.H. Haskins,[4] who argued from the prefatory material that the compilation was made for Enzio, King of Torres and Gallura (Sardinia), who was a natural son of the Emperor Frederick II Hohenstaufen. Frederick had himself, of course, composed in 1247 his celebrated treatise *De arte venandi cum avibus*.[5] Enzio died in 1272. The constituents of this compilation are copied out *seriatim* and are easy to identify.[6] A similar Latin compilation, which evolved by

Colloque de Nice (22–24 juin 1979), Publ. de la Fac. des Lettr. et des Sc. hum. de Nice 20 (Nice, 1980), pp. 9–17, and F. Viré, 'La fauconnerie dans l'Islam médiéval d'après les manuscrits arabes, du VIIIème au XIVème siècle,' *ibid.*, pp. 189–217.

3. Two Latin texts dating from before 1100 are recorded by Van den Abeele, *La Fauconnerie dans les lettres françaises du XIIIe au XIVe siècle*, Mediaevalia Lovanensia Ser.1, Studia 18 (Leuven, 1990), pp.20–21.

4. C.H. Haskins, *Studies in the History of Mediaeval Science* (Cambridge, 1927) [Ch.XVII, 'Some Early Treatises on Falconry', pp. 346–55], pp. 351–52 and B. Van den Abeele, 'Les Traités de fauconnerie latins du XIIe siècle: manuscrits et perspectives', *Scriptorium* 44 (1990), 276–86.

5. See the exhaustive study directed by Anna Laura Trombetti Budriesi, *Frederico II di Svevia: 'De arte venandi cum avibus'/ 'L'Arte di cacciare con gli uccelli'. Edizione e traduzione italiana del ms. lat. 717 della Biblioteca Universitaria di Bologna collazionato con il ms. Pal. lat. 1071 della Biblioteca Apostolica Vaticana* (Roma-Bari, 2002).

6. A preface identifies them as the apocryphal *Letter to Ptolemy, King of Egypt* ('qualiter aquila et simachus et theodosion tholo[meo] imperatori egipti scripserunt'), *Alexander Medicus* ('grecus alexander grecus medicus cosme'), *Grisofus Medicus* ('gnosius hyspanus theodosio imperatori'), the treatise of Adelard of Bath ('alardus

gradual accretion and mixes the sources more thoroughly, is found in Cambridge University Library, Ff.VI.13 (s.xiii²), ff. 70v–74ra ('Liber de universis passionibus falconum ...') where it is followed on ff.74rb–81rb by two unpublished vernacular treatises, the first, known from other copies as *Le Medicinal des oiseus*, the second called (in the epilogue) simply *Tretiz*.[7] Closely related to the Latin treatise in this compilation of three monographs, but with some changes of material, is the 'Phisica avium' found in Oxford, Bodleian Library, Lat. misc. c.73 (s.xiv¹), ff. 91va–93vb, the variants of which are printed below in our edition of the Cambridge Latin treatise, which offers a close parallel to major constituents of the vernacular works, and indeed may be viewed as a reflection of the latters' sources. The Cambridge Latin treatise itself draws on a number of Latin texts, all of which, save Dancus, are collected in Cambridge, Clare College MS 15, as follows:[8]

anglicus nepoti suo interroganti'), and *Gerardus Falconarius* ('m. G. de Monte P.').

7. See R.J. Dean, with the collaboration of M. B. M. Boulton, *Anglo-Norman Literature: a Guide to Texts and Manuscripts*, ANTS O.P.S. 3 (London, 1999), no. 400.

8. In his editions of the individual works Tilander records those components which are found in this MS.

i.   Adelard of Bath's *De avibus tractatus*,[9] written c. 1230 in the form of a dialogue between the author and his nephew, surviving in a long version (three MSS) and a short version (three MSS, including MS Clare 15). This work, which deals with the training and treatment of (gos)hawks, contributes medical receipts to a number of compilations and is at the base of an Anglo-Norman verse fragment from the thirteenth century.[10]

ii. Dancus Rex, one of the earliest and most widespread of the medieval treatises on falcons, dating from the middle of the twelfth century,[11] and represented in sixteen witnesses. It was composed at the court of the Norman kings in Sicily.

iii. Grisofus Medicus, to whom is attributed a set of receipts in the form of a letter addressed to an emperor

---

9.   The standard edition is now Adelard of Bath, *Conversations with his Nephew: 'On the Same and the Different', 'Questions on Natural Science', and 'On Birds'* ed. & transl. by Charles Burnett, with the collaboration of Italo Ronca, Pedro Mantas España and Baudouin Van den Abeele (Cambridge, 1998), pp. 237–74. A summary of the work's contents is found in L. Cochrane, *Adelard of Bath: the First English Scientist* (London, 1994), pp. 53–61, whilst there is a valuable discussion of the work in D.H. Evans, 'Adelard on Falconry', in Ch. Burnett, ed., *Adelard of Bath: an English Scientist and Arabist of the Early Twelfth Century* (London, 1987), pp. 25–7.

10. Edited by G. Tilander, 'Fragment d'un traité de fauconnerie anglo-normand en vers', *Studier i modern språkvetenskap* 15 (1943), 26–44.

11. Edited by G. Tilander, *Dancus Rex, Guillelmus Falconarius, Gerardus Falconarius: les plus anciens traités de fauconnerie de l'occident publiés d'après tous les manuscrits connus*, Cynegetica 9 (Lund, 1963) and see also *id.*, *Traductions en vieux français de Dancus Rex et Guillelmus Falconarius*, Cynegetica 12 (Karlshamn, 1965).

Theodosius.[12] There are 11 witnesses, which include the compilations in MS Clare College 15 and Cambridge U.L., MS Ff.VI.13, where there are scattered excerpts. The work seems to date from the early twelfth century.

iv. Alexander Medicus (5 MSS), described as a Greek doctor who dedicated his little treatise to Cosma,[13] receipts from which are represented in the compilations in MS Clare College 15, Cambridge U.L., MS Ff.VI.13 and Oxford, Bodleian Library, MS Lat. misc. c. 73.

v. The apocryphal *Letter* (of Aquila, Symachus, and Theodotion) to Ptolemy, King of Egypt,[14] is found in a total of 6 MSS including the Clare manuscript and MSS Oxford, Corpus Christi 274 (s.xv), ff. 129v–132r and London, B.L. 18752 (s.xiv), ff. 212r–216r and is the product of the 12th century.

vi. Gerardus falconarius (13 MSS), printed from the Clare College MS by Tilander.[15]

These sources, which were all later translated into continental French, were also used by the troubadour and ecclesiastic, author of a vernacular treatise on hawking, Daude de Pradas,

---

12. Edited by G. Tilander, *Grisofus Medicus, Alexander Medicus: deux traités latins de fauconnerie du XIIe siècle publiés avec des traductions en vieil italien de Grisofus et une traduction en vieux français d'Alexander*, Cynegetica 10 (Lund, 1964).

13. See Tilander, *supra*.

14. Edited in A. Lupis & S. Panunzio, '"La Pístola a Tolomeu emperador d'Egipte" en la tradició venatòria medieval romànica i l'estructura epistolar del gènere venatori', *Miscellània Antoni M. Badia i Margarit*, 7, *Estudis de Llengua i Literatura Catalanes* 15 (1987) [13–53] 28–33.

15. *Dancus Rex, Guillelmus Falconarius, Gerardus Falconarius ...*, pp. 176–229.

whose *Dels auzels cassadors* (3792 verses), which survives in 4 manuscripts, is the most commonly cited vernacular treatise on hawking.[16] It is clear that the many similarities between *Dels auzels cassadors* and the *Medicinal* derive from use of common sources. The shorter treatises, particularly Dancus, Gerardus, and the Epistola, were also used by Albert the Great in his *De falconibus* c. 17–23.[17]

Despite the prodigious researches on the subject of hawking by Gunnar Tilander (1894–1973)[18] and their continuation by Baudouin Van den Abeele,[19] we still lack an edition of the three Anglo-Norman treatises, which we print below as follows:

In Chapter One we edit the 'Tretiz' found in Cambridge, U. L., MS Ff.VI.13 (s.xiii²), ff. 78va–81rb which begins

16. See A. H. Schutz, *The Romance of Daude de Pradas called 'Dels Auzels Cassadors'*, (Columbus, 1945); D. Evans, 'Le traité de fauconnerie …'; *id.*, 'Difficulties in the Botanical Lexis of the Old Provençal Falconry Treatise: Daude de Pradas and Adelard of Bath', in *Studia Occitanica in memoriam Paul Remy* ed. H. E. Keller (Kalamazoo, 1986), pp. 281–89.

17. See K. Lindner, *Von Falken, Hunden und Pferden. Deutsche Albertus-Magnus-Übersetzungen aus der ersten Hälfte des 15. Jahrhunderts* t. 1 (Berlin, 1962), pp. 24–37.

18. See H. Bohrn, *Gunnar Tilander. Publications 1918–1973. Bibliographie établie en l'honneur du 50ième anniversaire de sa soutenance de thèse*, Acta Bibliothecae Regiae Stockholmiensis 15 (Stockholm, 1973).

19. *La Fauconnerie dans les lettres françaises* …; 'Les Traités de fauconnerie latins du XIIe siècle. Manuscrits et perspectives'; *La Fauconnerie au Moyen Age: La Littérature cynégetique*, Typologie des Sources du Moyen Age occidental fasc.75 (Turnhout, 1996) (which has the briefest discussion, pp. 44–49, of French / Anglo-Norman material); (with A. Smets) 'Manuscrits et traités de chasse français du moyen âge. Recensement et perspectives de recherche', *Romania* 116 (1998), [316–67], 356–57.

with a verse introduction ('Dreit e reison e volenté ...') establishing the topics and structure of the work. The two parts of the treatise are separated by another short verse section (f. 79vb) and there is an epilogue, also in verse.

In Chapter Two we print the incomplete verse text in Winchester College, MS 26 (s.xiii², ff. 69ra–72vb, which, like the *Dels auzels cassadors*, the unedited *Li Aviculaires des oisiaus de proie* (Lyon BM 867), the *Livre de cirurgie de tous oyseaulx de proie* (Vat., Reg.lat. 1331) and the *Livre des oyseaulx gentilz* (BNF, fr. 24272), is compiled from twelfth-century Latin treatises, which are also mirrored in the *Medicinal* (see next chapter).

Chapter Three is devoted to the *Medicinal des oiseus*.[20] It is found in the following three Insular manuscripts, the first of which forms the base of our edition:[21]

20. I adopt the title from D, believing that the three manuscript witnesses, despite differences of detail, are intended to constitute one and the same work. For a slightly divergent view see Smets and van den Abeele, *Romania* 116 (1998), who include the Lyon MS. and declare 'Tout en livrant à peu près les mêmes matériaux, les quatre mss présentent de fortes différences dans la formulation, les divisions et même l'ordonnance des sujets. Il n'est dès lors pas impossible qu'il s'agisse de plusieurs traductions indépendantes d'une compilation de fauconnerie latine, comme il en existe plusieurs, mais non encore identifiée dans le cas présent'. On the fluidity of copies of the treatises see the cautionary remarks of Van den Abeele, 'Les Traités de fauconnerie du XIIe siècle', 278.

21. I omit the continental treatise ('li aviculaires de tous oisiaus de proie, conment li philosophes en aprent tous afaitemens et toutes connissances et toutes les medecines de lour maladies') in Lyon, Bibl. Mun. MS 867 [olim 772] (s.xiii), ff. 216v–25v, on which see P. Meyer, 'Notice du Ms. 772 de la Bibliothèque Municipale de Lyon,' *Bull.SATF* 11 (1885), pp. 40–80 (pp. 75–7 for the falconry text). I intend to deal with this elsewhere along with the OF version of

(i) Oxford, Bodleian Library, MS Digby 86, ff. 49r–62r (c. 1280) [**D**].[22] The Anglo-Norman treatise begins with the red rubric *Ci comence le medicinal des oiseus*. There are red initials and rubrics throughout. The text is fundamentally the same as that offered by BL Add. 46919 (see below) where the chapters are frequently interverted.

(ii) Cambridge, University Library, MS Ff.VI.13, ff. 74rb–78rb (s.xiii[2]) [**C**]. The Anglo-Norman treatise begins *Medicines verraies de garir falcons e osturs e esperviers e la maniere coment les conustrez e coment les afeiterez*. It exhibits a changed order of chapters and lacks six contained in D (1, 2, part of 3, 13, 60, 61). It follows the Latin compilation (ff. 70v–74ra) also preserved in Oxford, Bodl. Libr., MS Latin misc. c. 73 (s.xiv[1]) ('Phisica avium').

(iii) London, BL, MS Add. 46919, ff. 24v–36v (s.xiv[1]) [**A**].[23] The Anglo-Norman text begins with a red rubric:

> Cest liveres qui ensegne comment on doit gentiex oiseaus garder et norrir et afaitier et a coi on puet conoistre s'il est gentils et naturés. Aprés orrés la medicine de lor diverses maladies et comment on les

Adelard in Lyon, Bibl. Mun. MS 765 [olim 682] (s.xv), ff. 74v–81r which contains items from Gerardus.

22. See *Facsimile of Oxford, Bodleian Library, MS Digby 86, introduction by Judith Tschann and M.B. Parkes*, EETS SS 16 (Oxford, 1996) and M. Corrie, 'The Compilation of Oxford, Bodleian Library, MS Digby 86', *Medium Aevum* 66 (1997), 236–49.

23. On this MS see P. Meyer, *Romania* 13 (1884) [497–541] 506 and *The British Library, Catalogue of Additions to the Manuscripts 1946–1950* pt.1 (London, 1979), pp.197–206 which lists 55 items.

puet garir et [a] coi on puet conoistre quant li oiseaus est malades et quel mal il a.

A fourth manuscript, from Picardy or the Vermandois, is found in Lyon, Bibliothèque municipale MS 867 (772) (s.XIII²), ff. 216va–225va,[24] beginning

> Li filosophes ki traita de la nature des oisiaus gentiex dist en tel maniere: [cf. §1 of our ed.] Se vous savés aire d'ostoir u d'autre oisel gentil et vous doutés que on ne les vous emble, gardés le jour que il seront esquepi, et d'illuec en .ix. jours alés au ni bien matin, si les prenés coiement et les metés en un corbilon [...]

and ending (f.225rb) [see §59] 'Se vos oisiaus est tingneus, prendés le tenron du gaughier ...'. It is described in a list of contents: 'Aprés i est li aviculaires de tous oisiaus de proie, conment li philosophes en aprent tous afaitemens et toutes connissances et toutes les medecines de lour maladies.' Since it is not textually or linguistically part of the Anglo-Norman corpus, the Lyon *aviculaire* has not been drawn on in the present edition any more than has the complete text found in Lyon, Bibl. Mun. MS 765, ff. 178r–180v.

The 'Phisica avium' is edited in Chapter Four as an appendix for comparison with the vernacular texts.

The vernacular treatises thus occupy a solitary place in Latin compilations. In the case of the *Medicinal des oiseus*, two of the witnesses are celebrated trilingual miscellanies, one a

24. See P. Meyer, 'Notice du MS 772 de la Bibliothèque Municipale de Lyon', *Bulletin de la Société des Anciens Textes Français* XI (1885) [40–80], 75–77.

layman's common-place book localised in the diocese of Worcester and the other a common-place book of the Franciscan William Herebert of Hereford.[25]

Some of the texts clearly preserve a bipartite structure, distinguishing training and nurture from therapeutic measures. Others deal only with accipitrine diseases. Collectively the works edited below offer a fairly broad view of the subject, according to Western traditions. The Arabs classified the birds according to the modern scientific method: 'yellow eyes' (accipitrides, above all Accipiter gentilis) and 'black eyes' (falconides – sakers / sakerets, peregrines, lanners and merlins), but this is not the case in our treatises. François Viré gives the following brief account of the training process in which I have highlighted some of the key procedures and terms:

> Aussitôt capturé, le rapace noble était mis *en camisole*, manchon lui enserrant les ailes, et *cillé à noir* des deux paupières, le cillage ayant précédé l'usage du chaperon et permettant une ouverture progressive à la pleine lumière; ainsi apprêté, l'oiseau était facilement transportable. Son éducation, de suite entreprise, comprendra deux phases: l'*affaitage* visant à l'apprivoisement et l'*introduction* au vol aboutissant au *vol pour bon* sur tel ou tel gibier.
>
> On *mettait au fait* [=affaitier] le captif en l'*abaissant* par un jeûne prolongé et en le tenant éveillé jour et nuit, les yeux à demi décillés; jouant sur la fatigue et la faim du prisonnier, on l'incitait à *sauter le poing* pour y quérir une *beccade* de chair vive.

25. See T. Hunt, 'Insular Trilingual Compilations', in R. Jansen-Sieben & H. Van Dijk, eds., *Codices Miscellanearum: Brussels Van Hulthem Colloquium 1999* (Brussels, 1999), pp.51–70, at pp. 55–7 and 65–6 respectively.

De beccades en beccades, soit sur le gant pour les *yeux jaunes*, soit sur *leurre* (paire d'ailes liées ensemble) pour les yeux noirs, l'élève, à qui l'on rendait l'usage de la vue, perdait très vite sa sauvagerie et se faisait à la présence de son dresseur; de longues heures passées parmi la foule des marchés et des bazars complétaient son acquis d'*entregent* nécessaire aux premiers exercices de l'introduction au vol en présence d'hommes, de chevaux et de chiens. Habitué à prendre son pât de la main du fauconnier, l'oiseau devait être introduit sans retard. Pour ce faire, le fauconnier et un aide portaient l'oiseau *aux champs*, l'ayant laissé *sur sa faim* depuis la veille, le mettaient *à la filière* ou au *trolley*, chaque bout étant tenu par les deux hommes se faisant vis-à-vis à quelques dizaines de pas l'un de l'autre ...[26]

The goal of initial training, – reclaiming a hawk by making it tame, gentle and familiar – is the process of conditioning whereby the hawk is brought to approximately the same condition as a captive that it would achieve in the wild. This is a delicate and time-consuming process in which the psychology of both austringer[27] and raptor has an important part to play, especially in that stage known as 'manning' during which the hawk becomes used to its environment and to the falconer, leading to the establishment of mutual knowledge and trust, after which the hawk will come to fist and cease to 'bate', that is, when excited, agitated, or angry, to fly off the fist, often with frenzied fluttering. The hawk would be kept on the fist for a day and a night, treated gently and

---

26. In *La Chasse au moyen âge: actes du colloque de Nice, 22–24 juin 1979* (Paris, 1980), p. 193. See also J. Cummins, *The Hound and the Hawk*, pp. 187–216.

27. Strictly 'austringer' is restricted to one who flies short-winged hawks (especially the goshawk) and 'falconer' to one who flies falcons.

soothingly, but kept awake by the austringer's voice and hand movements, so that exhaustion finally led to its acceptance of the gloved fist as a resting place, a process also assisted by food. Indeed, the nature and regulation of the hawk's food intake are crucial factors at this point. On the fist the hawk will often be fed 'tirings' – meat on the bone, mostly wing and neck – picking and pulling at which exercises the hawk's muscle, uses up excess energy, and prevents the beak from growing down too long at the point. Meat might be 'washed', that is left to soak in water, so that the hawk's stomach would receive due exercise whilst the hawk would remain hungry as the result of the meat's loss of natural goodness. On the fist strips of leather called jesses are attached to the hawk's legs, and above them, on each leg, a bell attached by a short leather strip called the 'bewit'. The sound of the bells attracts the attention of the austringer and helps identify the presence and location of the hawk. Subsequently, the hawk might be tethered to a light training line, known as a creance, of anything up to ninety metres of braided cord, a procedure which is maintained whilst the hawk is called over increasing distances and is at last ready to be flown free. Before it can be cast at game, a substitute called a lure is introduced, the use of which consolidates training and acts as a means of recalling the hawk whenever it fails to make contact with any game it is pursuing. The lure might be live (a tethered bird or small animal) or dead (sometimes a dead bird, or a piece of leather, weighted and decorated with feathers). The creance could be trailed on the ground or swung in the air and when the hawk takes it, it can be distracted by being offered food, to encourage it to bring back live quarry in expectation of a similar reward.

As already indicated, the classification of hawks adopted in the medieval manuals may vary. Today the essential distinction is that between longwings – falcons (gyrfalcon, peregrine, saker, lanner, merlin, hobby) which pursue flying game over long tracts of open countryside, and at a height, and are easily trained to the lure – and shortwings / broadwings – accipiters (hawks, especially the goshawk and sparrowhawk / buzzards), which take quarry close to the ground in short flight, and are more suited to enclosed or wooded country. They are trained to the fist. In the case of longwings swivel lures which are made of the wings of the intended quarry are employed, whilst shortwings / broadwings need the rabbit-lure which is dragged along the ground. For hunting, longwings are unhooded and put off the fist; shortwings and broadwings may work from trees, as well as off the fist, so that they already have sufficient height as they begin their descent or 'stoop'. Sometimes the two categories are called 'hawks of the tower' and 'hawks of the fist.' Another traditional classification is derived from the colour of the birds' eyes: longwings have dark eyes, shortwings usually yellow, and broadwings mid-brown. A further, practical classification depends on the period of capture: eyasses are young birds taken from their nests in their wild state (in C, *ramage*) or else bred in captivity, the name deriving from misdivision of 'a nyas' (*niais*); passagers, passage hawks caught on the passage or migration, are trapped during their immature year (hence their immature plumage), so they are not totally inexperienced like the eyasses; haggards have moulted in the wild and hence have mature plumage, and are consequently harder to train. Until ready for training the eyasses are said to be 'at hack' (referring to the board on which the raw meat is laid). Hack is recommended for long-winged hawks (peregrines, gyrs, sakers etc) to give them complete freedom to fly, since flying at hack strengthens the hawks' wings and feathers. Eyas falcons are kept for a few weeks before being trained, coming daily to feed on the hack board before the food is cut up for them. The brancher, or 'ramage hawk', is a young hawk that has lately left the nest, and the 'sore-hawk' is a hawk of the first year. Finally, the distinction of hawk and falcon – accipiter and long-winged, dark-eyed falcon – is sometimes adhered to.

Some attention is given in the treatises to housing and furniture: initially, eyasses might be placed in the hack-house, an outbuilding in a quiet area; a mew (*mue*) (largely replaced today by the outside 'weathering') used for moulting and fitted with a screen-perch, and the chamber or 'cadge' (*firma* / *ferme*) for transport. The moult is annual and starts at the end of March or in early April and continues for approximately six months. The moult depends on daylight hours and food intake. The seventh primary or beam feather with its corresponding secondary are the first feathers to drop. The essential treatment in the mew consists of keeping the hawk warm, inactive, and well fed (though, for some writers, not a 'full gorge'). As we have noted, some treatises recommend that the hawk be kept on the fist all night, treated gently, but kept awake, in order to tire it and thereby get it to accept the glove as a resting place. It could be seeled, that is have its eyelids stitched up, or could be covered with a rufter-hood which had an aperture at the front for feeding. The blinding by the stitching up of the eyes or the wearing of the leather hood was an essential part of the taming process to minimize the hawk's taking fright. The stitching might be of the lower lids, with the ends tied over the bird's head, or of the upper lids, with the ends tied under the beak. After the moult and growth of new feathers, the excess fat must be quickly lost, and so the hawk is 'enseamed' by dieting and casting, that is, returning the pellets or 'castings', which are the fur or feathers given to the hawk with meat to cleanse the 'panel' (the stomach or lower bowel) and afterwards cast up in the form of oblong pellets enveloping the indigestible portion of the food which is thus rejected. Inspection of such castings and the mutes (excrement) was a common way of diagnosing the hawk's state of health.

Health problems naturally feature in those parts of the treatises which deal with care of hawks.[28] The healthy hawk 'rouses', that is shakes itself to arrange its feathers properly, and 'feaks', wipes its beak on the perch after feeding. When the beak and talons grow too long and pointed, they need to be coped or blunted. Broken flight or tail feathers have to be repaired by a practice known as imping. Hawks naturally fall victim to external and internal parasites (e.g. threadworms (*capillaria*), filanders or intestinal worms). Then there are foot-swellings (e.g. bumblefoot), respiratory diseases like aspergillosis, and the all too often mentioned 'frounce' – a cancer or sore in the mouth or throat, caused by a protozoon, Trichomonas gallinae. Muting (defecating) is sometimes made impossible by a stoppage of the tewell (lower bowel) known as the 'cray'. Pantas is a disease akin to asthma, whilst common diseases of the eye are 'pin' (dimness of vision) and 'web' a film covering the eye. 'Rye', also frequently mentioned, is a disease that is recognized by congestion of the nares and a swelling in the head, and covers a variety of head colds. The medical or therapeutic section of treatises on hawking is thus often not inconsiderable and Anglo-Norman,

28. See J. E. Cooper, *Birds of Prey: health and disease* (London, 1995) and B. Van den Abeele, *La fauconnerie au moyen âge*, pp. 173–280. There is a brief list of diseases and remedies in D. Scott-Macnab, *A Sporting Lexicon of the Fifteenth Century: the J. B. Treatise*, Medium Aevum Monographs n.s., 23 (Oxford, 2003), pp. 137–40 and notes on pp. 158–61, 179.

as so often, makes a vital contribution to the veterinary terminology.

The treatises edited below demonstrate the long continuity of hawking practices and the need, in the thirteenth century, to present to the Anglo-Norman aristocracy practical advice in the still culturally prestigious language of its forebears.

> Joe fui ja, valleton,   nurri en cest païs,
> Par mun servise grant   un ostur i cunquis.
> Ainz ke l'oi afaitié   enz en mue le mis,
> Pres ad ja de set anz: bien poet estre sursis.
> Or le vienc reveeir   quells il seit, de quell pris,
> S'il veut estre maniers   u veut estre jolifs;
> E s'il est si entire,   cum il fud a ces dis
> Quant joe turnai de ci,   dunc iert mien, çoe plevis;
> Od mei l'enporterai   de ci qu'a mes amis.
> E s'il est depecié   u en coë malmis,
> Ke penne ait bruséé,   dunt rien li seit de pis,
> Ja mes pus nen iert miens,   s'il m'aït saint Denis.[29]

---

29. *Thomas, The Romance of Horn*, 1, ed. M. K. Pope (Oxford, 1955), ll. 4257–68.

THE CAMBRIDGE 'TRETIZ'

The text has been edited from MS Cambridge, U.L. Ff.VI.13,
ff. 78va–81rb.

Dreit e reison e volenté [f.78va]
Ferme de mon einzdegré
Me ad le cueor suspris
A dire ceo ke jeo ai apris
De oisels daunter la nature
E fere entendanz a nureture.
De *falcon ramage* dirrai premier
Cum l'en le devera afeitier
Dés que il seit bien entre
E bien aseuré de oisel prendre.[1]
E puis del *niés* vus dirrai
E del *rebuté* ceo ke jeo en sai,
Si ke chescun, solum sun dreit,
De dreite aprise prenge espleit.
Aprés vus dirrai, si Deus l'otrie,
Des griefs e de lur maladie
Ke sovent escheient par mescheance,
Dunt vus dirrai de aleggaunce
E de medecine pure
De tuz curer solum nature.

[1] Primes covendra debonerement le falcon manier e ciller, e puis mettre les gez e recoper li les ungles e le bec un petit, ke il en serra le meillur a manier, e puis mettre li le chaperon pur user ke il le veolle. E puis le devez debonerement manier e daunter dedenz meison desqu'il seit a sige saunz departir del poin e ke perche ne conuisse desqu'il seit luré. Petit e petit li donez a manger jeske a mie gorge al plus, issi ke quant il eyme mielz a manger, li tolez, kar comencera d'enamer sun meistre. Quant verrez k'il se aseure de vus, le abatez de une tuaille e le facez ciller e pernez une greille aguille e un fil

1. MS E de oisel prendre bien aseure.

delié e le cillez de deus fils, issi k'il veie entre lé deus fils
e dunc hapera aprés la main en quele tenez la char e
dunc se aseura de vostre visage, kar dunc verra desus li.
Solum ceo k'il seit egre e aseuré de vus, si le abessez
corteisement pur lurer e ewe a bel jur li tendez pur
baynner. Dunc debonerement le fil devant li ostez, car
celi deriere est bon ke demeore deske atant k'il seit cheit
sus la lure une foiz ou deus. Puis le fetes egre e pernez
une creaunce e deus gelines en pleine, depescez l'une
geline e liez les deus eles bien ensanglentez a deus parz
de la lure. Puis pernez le falcon sus le un poin, la lure en
l'autre, si li mustrez e il saudra desus, e ferm le tenez par
la leesse. Aprés qu'il seit abeché e curteisement deliveré
de la lure, liez la creaunce al chief de la leesse, puis li
getez la lure a la lungur de une lance [f.78vb] e tenez
ferm la creaunce. Puis k'il serra chiét sure, alez
curteisement entur li enluraunt e od lui parlaunt e puis le
aprochez e la vive geline pernez e le bec li fendez, si le
fetes beivere le sanc, kar tuz jurs amera la lure le mielz.
E ne li donez for a mi-gorge a peine. L'endemain le
decillez del tut e li getez la lure autre feiz de vostre mein
plus loinz en creaunce. Puis le pernez sus de bone char
chaude de deus bechees ou treis, si li metez le chaperon,
si le baillez a vostre compaignon a tenir e alez vus al
chief de la creaunce, gettét la lure enluraunt. Quant serra
chiét desus, alez entur li enlurant e criaunt tant qu'il
conuisse vostre cri e vostre lurer. Issi le servez chescun
jor desque ataunt k'il conuisse le torner de la lure. Aprés
le lurez saunz creaunce sulum ceo ke vus veiez k'il eyme
la lure e k'il seit egre. Lurez le de loinz e quant il serra
bald luré e bien conuisse le cri saunz lure veer e bien eit
esté enhaucé sus la lure, abessez le un petit e alez en un
beal pré prés de l'ewe, si le tenez encuntre le vent, ostez

li le chaperon, si le lessez escure e aventer, s'il veolt. Puis le getez sus e saunz tur fere li gettez la lure e alez entur li e criez e parlez a li cum s'il volast. L'endemain gettez le sus e lessez le fere un tur, le tierz jur lessez le fere deus turns ou treis, e veiez k'il n'i eit chaunge entur vus. Puis le pessez e engressez sus la lure. E quant le averez issi servi cink jurs ou sis, tuz jurs sur l'ewe, kar il ne peot pas trop amer l'ewe, si le abessez autre foiz curteisement. Puis pernez une ane salvage ke puisse bien voler e la cillez. Gettez le faukun sus e bien l'escriez. Quant le faucon gette le oil cele part, bien l'escriez e gettez li l'ane encontre le vent. E puis si bien la prent, donez li le saunc a beivere e poi a manger. L'endemain fetes une altre ane decillee e un garçun la tienge al cres de duitelet ou en une haie, si ke le faucon ne se aparceive ke getté seit de mein [f.79ra] de homme. Escriez bien le faucon e quant tire le falcon cele part, queintement seit la ane sus gettee, ke le falcun ne aparceive dunt vienge. E tuz jurs seit le mestre munté. Issi le servez treis feiz ou quatre e engressez le falcon sus les oiseals e le saunc li donez a beivre, ne mie trop grosse gorge[e] de char. E puis le facez baigner e abesser autre foiz. Puis querez un bel voler ou trop n'i eit des oiseals e hors de eschec. S'il prent oisel, eisez le bien desus, e s'il avient k'il prenge oisel de eschek, bel li tolez des piez saun vilenie, e k'il n'en mangeusse, kar si li feïssez vilenie, autre feiz irreit loinz de vus pur sun eschek. E s'il est custumer eschek prendre, si le contregardez a voler avant le solail levant e aprés solail rescons pur eschec, ke n'e[s]t pas si matin levé e tost veit a sun recet pur reposer. E issi[2] averez vostre oisel estable, si ja deit estre estable.

2.   MS *isse.*

[2]   Falcon niés tuz jurs veolt estre tenu plus gras ke le
        ramage e plus veud […].[3] E ki par tens aver le peot en la
        seisun de haust le face voler a perdriz outre les
        espainnels pur conuistre le mielz sun oisel e sun meistre
        e pur estre le plus tost haut. E a piés fet bien a getter pur
        estre le plus delivre e a fere bones surses. Puis en seisun
        pernez une ane cillee, si la fetes getter prés de l'ewe, si
        k'il ne aparceuse ke vienge de main de homme, cum
        avant vus dis del ramage. Si il la prent, le sanc li donez a
        beivre e le eisez bien desus. L'endemain le fetes bien
        egre e pernez une ane decillee e bien volaunte e li gettez,
        k'il ne aparceive ke vienge de homme e bien le escriez.
        Si il la prent, escrinkez li les eles prés de l'ewe, si le
        lessez par sei estrangler e acovenir desqu'il vienge a la
        char, si le lessez par sei poi manger, si en amera tuz jurs
        le mielz sun oisel, si l'en l'i lest acovenir k'il sache k'i en
        avera le poier a sun oisel justiser. L'endemain bien le
        baignez. Aprés le bayn li do[f.79rb]nez poi a manger e si
        le metez en mesun oscure. E sachez k[e] la meisun
        oscure li enegrera. Puis l'endemain le portez hors a la
        rivere e aweitez un bon cop e eisi ou trop n'i ert des
        oisels ne ke il n'i eit chaunge d'eschec. Si le getez. Quant
        cele part vendra, levez li ses anes e il descendra. E s'il
        descend e chace saunz prendre e revienge bien e haut de
        chascer, gettez li la lure e pessez le bien. Ataunt valt cum
        il la eust prise, par dit de mon meistre, e a tuz manire de
        falcons ramage e niés. E si le faucon niés turne a bien, il
        deit tuz jurs amender pur taunt qu'il seit sein e plus
        lunges deit durer en main de homme ke le ramage. C'est
        la reisun: la noreture k'il est nori entre gent de juvente e

3.   If *veud* means, as seems likely, 'void' in the sense of 'deprived of
        food', 'unsatisfied', something must be missing to complete the
        contrast with 'gras'.

le ramage est plus vielz einz k'il entre en mein de homme quant il vient hors de sa nature en noreture, pur ceo dure meins. Celi ke est plus vielz e plus dur de nature plus est tendre en noreture en mein de homme, c'est le falcon muer de haie. Issi deit hom afeiter falcon niés, ceo m'est avis.

[3] Aprés ceo k'ai dit mon avis de falcon niés e ramage, ore vus dirrai de vielz faukun rebuté ceo ke averai apris coment deit revenir a sun dreit, si ravenir deit. Si vus le avez si malveis k'il s'asice⁴ cum del poyn serra parti, s'il est megres, vus le devez engreissir e ennettir dedenz e s'il est gras, vus le devez enmegrer e ennetter dedenz e altre feiz engressir e mettre le en meson oscure ou il ne veie si par chaundeille nun. E dunc [devez] prendre bel col de geline e [l']escorchier, e devez prendre pié de geline od tute la jaumbe, e decoper entre le genuil e le pié en pieces, e le col autresi e le pié a la feiz, ne mie tute veirs, e les ossemenz dé juntes e des eles e des quisses li devez doner. Le col enducist pur ceo ke la char est prés de l'os e enegrist; la gaumbe enorguillist pur la muille e le pié autresi e ne mie taunt; les os des junctes bien ennettissent. E ceo li devez doner [f.79va] en ewe chaude od le persil, kar le persil li fet bon boel e conforte la teste, e l'ewe ausi. Si devez tener tel falcon en oscurté pur li enegrir e corage doner de voler. Mes premirement le devez fere lunges juner e donc doner a manger menu e suvent a petites becheez, kar chescun falcon ke eit enfermetez par trop grosse gorges […] e devienent les verms ke l'en apele aguilles pur ceo k'il ne peot defire par nature pur le trop dunt une partie porrist al boel. Mes quant vus verrez ke vostre falcon seit bien

4. MS sa asice.

deliveré de cele ordure e est al point ke orguil le
surmunte pur le grant desir k'il avera de l'eir, pur la
oscurté ou il avera esté, si le portez hors a la pointe del
jur od un compaynon ke le tienge sus une montayne, e
vus, sus altre, le lurez de rene. E petit li donez de fine
bone char sus le lure e sil reportez ariere en l'oscurté k'il
ne veie gute e si li donez a manger petit e petit, ansi de
nuit cum de jor, ke tuz jurs seit egre e desire la hure k'il
quide manger en le mordant. Puis vus a l'aube de jor le
portez hors prés de l'ewe e une geline vive ausi, si le
getez encontre le vent tute vers munte, ferez chival des
esperuns e forment escriez e k'il ne face un tur, si li
gettez la lure, fendez le bec de la geline e le lessez
beivere le sanc un petit e deliverez la lure mult belement
e remuntez e le lessez seer, ferez chival encuntre le vent
e l'escriez forment. Il vus siwera pur egresce e pur le duz
sanc qu'il but avant. Issi le servez .iii. jurs ou .iiii. e tuz
jurs lessez le monter plus e plus cum avant vus ai dit.
Kant tant averez fet k'il vus aime e creit, portez le un jor
al fin de l'aube e une ane vive cillee od vus hors. Tenez
le falcon en une main e la ane en l'autre e la gettez k'il la
veie partir del poin. Quant il la avera prise, escrinkez li
les eles, si le lessez estrangler e plumer deske a la char e
li donez le sanc e le queor a manger e entur le col. Un
altre jor aprés, quant il serra en bone egresce, [f.79vb]
levez al pointe del jur e pernez une ane decillee e un
compaynon ke la tienge al cres del chanel ou en covert
de haie prés de l'ewe. Le falcon getez e forment l'escriez.
A la venue du faucon seit la ane si gettee ke ne se
aparceive dunt vienge. Quant il la avera prise, lessez bien
defoler e puis le disnez bien e le portez en l'oscur cum
avant. Un autre jur pernez une altre ane e al fin de l'aube
getez le e fetes k'il vus siwe une quaranteine ou plus e

puis li fetes getter l'ane queintement cum avant e pessez
le bien solum sun dreit e le reportez en l'oscur cum
avant vus ai dit. Un altre jur pernez une ane e un
compaignon e alez mult matin a la rivere e querez eisi
cop sanz eschec. Gettez le falcon, levez les anes. S'il
prent, tant bien; s'il chace e revienge, getez li l'ane ke
vus avez aportee, k'il ne se aparceive, e bien le eisez
sure. Iceste chose tant facez k vostre falcon seit entre.
C'est la meillure manire ke jeo vei ou eie oï de falcon
rebuté amender e a sun dreit estat fere repeirer.

> Puis ke tant ai de falcun treité
> — ramage, niés, e rebuté —
> medecine verraie e esprové
> vus dirrai pur lur enfermeté.
> Ceo k'en sai e ai apris —
> e de ki plus sache sei repris —
> sanz nul gas dirrai mon avis.

[4] Pur maladie k'om apele le ré: pernez raiz, surele, rue e
freidele e menue consoude, plus de raiz ke de altre herbe
par sei. Tut ceo buillez en un bel pot bien covert, ke
nule fumee n'en isse, e parboillez bien les treis parties de
l'ewe. Puis percez une esquiele e fetes une pipe e la
joignez en l'esquiele. Puis pernez le oisel sus le poyn e
fetes le tirer ultre le pot, si ke la fumee parmi la pipe
entre as narilles de l'oisel tant cum il tire. E ceo li facez
sovent. Aprés pernez peivere e molez bien menu e
pernez un clotet de bure cum la suveraine [f.80r] juncte
de vostre dei e entremellez cel od le peivere. Abatez le
oisel, si en freiez le palais de cel, si cloez le bec e suchez
cel hors parmi les narilles. Aprés ceo le metez a l'ewe. Si
vus ne veiez en .iiii. jurs amendement, pernez une dosse
de ail e la quassez si ke le jus remaine, si li oignez de ceo

le palais, si li eschaufera la teste. La maladie peot hom conoistre par l'estopure des narilles. E tant peot demurer en la teste k'il descendera as piez.

[5] Pur les funces: Quillez vostre oisel un poi de une quilliré de argent e si est la maladie desuz les oilz. L'en conuist la maladie par les oilz ke sunt trop eswages e batent a custume desuz la paupire.

[6] Pur la maladie k'om apele les greins k'est en la buche: Pernez un fisselet de codre e walopez laine entur de un fil e pernez un altre ke seit trenchant e escavez en veie les greins, si ke il ne seigne. Pus moillez le fisselet od la leyne en vin egre e lavez bien la les greins furent tant qu'il seient alé. E sunt les greins a deus parz de la buche dedenz.

[7] Pur mal de la lange ke veit environ la lange cum un fil: abatez le oisel e li overez le beek e li ostez cel fil de un fisselet ou de la main. Puis lavez la lange de vin egre treis feiz ou quatre. Pernez seuz e moillez en miel, si moillez la lange de ceo. Le miel enducera la lange, la seuz mangera la morte char. De legir verra le mal ki la lange voldra bien aviser.

[8] Pur le mal ke l'om apele aguilles e filaundres: Pernez pressure de cheveroil e un boelet ensanglentez de geline e de chaud sanc, si li donez a manger. Si li botez en la gorge ke il la avale.

[9] Pur meimes ceo: Pernez miel e li donez en boelet de geline cum avant.

[10] Pur meimes ceo: Le jus de ere tendre en boelet li donez.

[11] Pur meimes ceo: Le jus de siegle vert en boelet li donez. Del jus de ere pernez garde, quant li dorrez, ke le oisel seit [f.80rb] plein de char e fort de complexion.

[12] Pur meimes ceo: Char de cufle chaud li donez.

[13] Pur meimes ceo: Pernez vif argent e le vert de l'estront de owe, en boelet mellé li donez. Mes de une chose vus garnis ke, si le boel est entir, bone est la medecine, e si atamé est, mort ert l'oisel pur le vif argent ke querra le pertus si altre i ad del dreit tuel.

[14] Pur meime ceo: Si li oisel seit fort, moillez li sa char en vinegre.

[15] Pur meimes ceo: Le vin blanc est bon a moiller sa char sovent e done confort e reheite. L'en conuist la maladie par le ameutissement de l'oisel, ke les[5] ameutist ou mors ou vifs.

[16] Pur la maladie ke l'en apele le bostifs, ke meot de la muele: Pernez raiz e fenoil, tant de l'un cum de l'autre, e quissez en un bel pot e moillez sa char dedenz e veiez k'il seit bien desus, e ceo li valdera.

[17] Pur brulure de ele ou de gaumbes: Pernez la racine de ruge perele e la quissez bien en un bel pot, si ke l'ewe seit demi quite, e moillez li sa char bien agee, tant ke veiez amendement. Le jus mult valt ki aver le peot. Puis pernez vostre oisel e metez desuz une cuve sus bon fein delié.

[18] Pur la piere: Pernez le bis caillou e le brusez a mies, si li pudrez sa char sovent, e ceo li valdera.

5.   i.e. the worms.

[19] Pur grevaunce de cors: Pernez menue consolde e freidele e atant de fenoil cum dé deus, quissez cel bien ensemble e lavez sa char de ceo sovent.

[20] Pur meimes ceo: Pernez creime duce e metez en un bel hanap, si metez le hanap od la creime en un bacin plein de ewe chaude, si ke la creime eschaufe parmi le hanap e moillez li sa char dedenz la creime.

[21] Pur meimes ceo: Pernez bure de may, si li oignez sa char. Cum plus mangera, plus li valdra.

[22] Pur enfleure des piez: Pernez une vielle esquiele de fraynne, si le eschaufez encontre le feu dedenz, si k'il seime. De cel seim oignez le pié malade de une penne.

[23] Pur [f.80va] meimes ceo: Diauté est bon e seim de geline, e si porion li crest, lessez crestre desque ataunt k'il seit meur. Puis le fendez de un cutel e puis le prengez hors. Aprés pernez seil ars e savun mellé e botez en la plaie e oignez de savun entur e ceo li facez deske il seit gari.

[24] Si vostre oisel seit escorné: Pernez franc encens bien molu menu e le metez en cotun, si le envolupez entur le ortil malade. Puis metez de quir deugé par desus e ferm le liez cum il le puisse bien sueffrir, si lessez issi bien lunges, si en vendra novele ungle.

[25] Si vostre falcun est pokerus des piez, si le abatez e escavez le pié d'un cotel si k'il ne seigne. La funtayne escavez si ke la merde e le sanc en isse. Puis pernez seil menu e le frotez bien. Aprés lavez le de vin egre. Puis pernez un drap linge dis duple (?), sil metez desuz li desus sa perche e ceo li entenvera la pel e tendra la plaie overte. Kaunt il apreoche de garir, abatez le e fendez le

pié de lung aukes, en deus liws ou en treis, solum ce ke
mestir i piert. Aprés quillez d'une quilliré e aprés les
neofs jurs pernez seim de porc maulle e suffre bien braé,
les deus parz de seim e la tierce de suffre mellé
ensemble. Oignez le pié e il guarra.

[26] Si vostre oisel seit envenimé de quei ke ceo seit e il seit
butsufflé entre quir e char: Pernez un fil de laine e li
percez le quir en treis liws ou en quatre, solum ceo ke
mestir i[e]rt, de cel fil.

[27] Si vostre oisel seit grevé en l'ele: Abatez le e querez la
veine al plet de l'ele od la ewe chaude, pur abatre le
dum. Quant la troverez, la pel fendez e de une grosse
aguille le seignez.

[28] Pur teigne de penne: Lavez sovent l'estoc de la penne de
fort vin egre. Si ceo ne li valt, pernez cauz, si la metez en
bele ewe e la movez bien e sovent, e puis k'il serra
reposé, si troverez une creime desus. Cele creyme
pernez e metez sus sa char sovent desque la penne seit
demi crue. Issi revendra a sun dreit.

[29] [f.80vb] Pur teigne ke tout ke penne ne crest ou ke le
pertus, dunt issir dut la penne, seit clos, resane[r]: Lavez
le de ewe chaude pur abatre le dum. Puis fendez le
pertus de un cutel e pernez la pipe de une autre penne
semblaunte la sue de grossur e botez en le tuel ausi
parfund cum vus poez. Puis le lessez bien seigner e lavez
bien la plaie desque le sanc estanche k'il n'endursisse el
tuel. Puis pernez la mole de su e terdez la greille cum le
pipe e muillez la [d]e miel e walopez ceo en une cince
deliee par quei le pussez saker hors, e butez cel ausi
parfund en la plaie cum la penne deit estre de dreit e
nestre. L'endemain, e de jur en jurnee e de meins en

meins parfund, la butez pur la tendresce de la penne avenante desque a taunt ke vus sentez la novele penne. E chescun jur muillez sa char de creyme de cauz cum avant fut dit.

[30] Pur puilz e mittes destruire: Pernez peivere e stafisegre bel cop e le fetes bien braer e aprés destemprer od fort vin egre. Puis fetes abatre vostre oisel e de une quilliré fetes vers de ceo hors en tut sun cors, si ke rien n'i eit en li ke enquis ne seit de ceo, tant seit bien par bainne. E sachez ke par la grant force de ceo morrunt tuz. L'endemain ou le tierz jur le fetes bayner.

[31] Pur viel oisel dreit ennettir: Kant il serra esseymé de une quinzeine o treis simaines, fetes le enhauscer un poi de deus jurs ou treis. Puis pernez peivere molu e seil menu mellé ensemble e fetes .iii. pelotes de lard e fendez les pelotes tut entur e le peivere e le seil mellé metez dedenz les fentes tut pleins. Aprés botez en la gorge tutes e movez taunt le poin k'il ne les gette avant k'il ne les avera avalé. Quant avalé les avera, asseez le bas sus un drap. Tost aprés li eschaufera [f.81ra] la mule par le peivere e le seil e gettera primes les pelotes tutes e aprés une taie entiere entaillee cum la mule, ou par pieces gettera la taie e tute sa glemure. Aprés k'il avera lessé le getter, tendez li ewe freide a beivere. Si le pernez sus aprés, de bone char le disnez meinement, pur ceo k'il ad esté mult grevé. Aprés par jornees li donez simple plumees ne mie trop dures. Eissi averez vostre oisel bon e net a l'anee par legire garde.

[32] Pur eofs tolir a l'oisel: Pernez jubarbe e bien braez e pernez savine e metez en ewe auke plus ke teive e lessez une nuit ou deus. Pus pernez ewe e destemprez la

jubarbe e pus la culez parmi un drap e muillez sa char de ceo sovent. E ceo li valdera.

[33] Pur meimes ceo: Pernez raiz e freidele e orpin e pestelez ensemble e bien destemprez od ewe chaude. Pus culez parmi un drap e li moille[z] sa char sovent, e ceo li valdra.

[34] Pur entrer penne en tuel: Premir covendra le tuel, ke siet ferm en la char, trencher ausi loinz ke om peot de la char, mes ke overte seit. Pus pernez la penne ke vus i volez mettre e la copez al chief del tuel la leesce de un festu. Puis fendez le tuel e le terdez plus greille, ke vus le puissez mettre en l'autre tuel, e le butez ausi parfund cum verrez ke bien seit. Puis pernez ene aguille deliee e un fil de seie e cusez parmi l'un tuel e l'autre en deus liws e liez de meimes le fil e ferm le atachiez e puis brisez.

[35] Pur oster la pelote de la mule: Abatez le oisel e le turnez envers e le lavez de ewe chaude endreit la mule. Puis fendez la pel ke vus pussez buter vos deus deis e[n] la mule autresi e vus troverez quatre pels e sakez hors ceo ke vus troverez en la mule. Puis lavez la mule [f.81rb] un poi de ewe chaude. Puis recusez la mule e chescune pel par sei de un fil de seie delié.

> Sauve la sentence e la fei
> De celi ke plus en seit de mei,
> Dit vus ai mon avis
> Sicum le conuis e ai apris.
>
> Al finement de mon dité
> Ke fet ai de mon eindegré,
> Saluz a tuz mes amis
> Pur ki m'en sui entremis

De cest treitiz en escrit fermer,
Les uns pur aprendre, les autres pur remembrer,
Kar cels ke en seivent si remenbrunt
E les autres aprendre porrunt.
Mar nul en pense ke nul en die
Ke cest enprenge par folie,
Dunt jeo me avante de saver,
Pur loaunge ou pris aver,
Ou ke de mei face clamer mestrie,
Par orguil e sorquiderie,
De greinnur sen ke il n'i ad:
Ki cest preche si peccherad,
Mes si plus averoie de bien retenu
Ke autre de mei k'en eust meins veu,
De franc queor dirroie mon avis,
Cum de mon estre l'averoie apris,
Kar la seinte Escripture dit,
Ke parolt par le seint Esperist:
'Cil n'est pas en Deu bien aré(e),
Ki ne seime k'il ad seié'.[6]

---

6. The words *seime* and *seié* would seem, following the parable of the sower, to be interverted.

GLOSSARY

The abbreviation 'Til., *Glan.*' is used for G. Tilander, *Glanures lexicographiques* (Lund, etc., 1932), and 'Ad' for *Adelard of Bath, Conversations with his nephew* ed. & transl. C. Burnett *et al.* (Cambridge, 1998). For botanical names consult T. Hunt, *Plant Names of Medieval England* (Cambridge, 1989).

abatre v.a. 1,4,7,27,30,35 to lay down
abecher v.a. 1 to feed
acovenir v.i. 2 to have her way, take her pleasure (of a hawk)
agee p.p. 17 mature
aguille s. 1,34 needle; 3,8 endoparasite, 'needle worm', or for *anguille*, intestinal worm
aleggaunce s. prol.18 relief, alleviation
ameutissement s. 15 mutes or droppings
ane s. 1,2 duck
atamé a. 13 punctured, damaged
aventer v.i. 1 to flutter (wings)
aweiter v.a. 2 to look out for

bald a. 1 game, keen
bechee s. 1,3 mouthful
boelet s. 8,9,10,11,13 entrails
bostifs s. 16 a disease (error for **bistok** ?, Til., *Glan.* p.31)
bruser v.a. ~ **a mies** 18 to break into bits
bure s. ~ **de may** 21 unsalted butter
butsufflé a. 26 swollen

caillou s. **bis** ~ 18 [cf. Ad.21] flint (*pyrites*)
cauz s. 28 lime **creyme de** ~ 29
cel s. 4 salt
chanel s. 3 ditch, channel

chaperon s. 1 hood

chaunge s. 1 a game other than the desired prey and hence a distraction (*concambium*)

ciller v.a. 1,2,3 to 'seel', to sew the eyelids of a hawk (*ciliatio, ciliatura*), so that they may be closed during early taming, a procedure now superseded by the hood

cince s. 29 cloth, rag

clotet s. 4 clot, lump (of butter)

codre s. 6 hazel

complexion s. 11 temperament, character

contregarder v.a. 1 to guard against

cop s. 2,3 opportunity

covert s. 3 covert

creaunce s. 1 creance, 'cranes' (*credentia*), a long line attached to the jesses, lunes or swivel during training; also used for swinging a lure. Cf. *recreance* (Til., *Glan.* p.219).

creime s. ~ **duce** 20 sweet, unskimmed milk

cres s. 1,3 hollow

cufle s. 12 kite

deciller v.a. 1,2,3 to unsew, unstitch (the hawk's eyelids)

defire v.a. 3 to consume

defoler v.a. 3 to trample on, damage, spoil, destroy

deugié a. 24 fine, soft

devenir v.i. 3 to occur

diauté s. 23 salve, dialthea (made with marsh mallow)

disner v.a. 3,31 to give (morning) feed to

dosse s. 4 clove (of garlic)

duitelet s. 1 small ditch, runnel

dum s. 27,28 down

egre a. 1 keen, eager

egresce s. 3 keenness

eir s. 3 eyrie

eiser v.a. 1,3 to reassure

eisi a. 2 convenient

enegrer/enegrir v.a. 2,3 to enliven, make keen

enhau(s)cer v.a. 1,31 to fortify, fatten
enlurer v.i. 1 to lure
enorguillir v.a. 3 to fortify
entenver v.a. 25 to soften, mollify
entier v.a. 34 to engraft, to 'imp'
entre a. 1,3 fit, well, finely developed
eofs s.pl. 32 disease of hawks ?
escaver v.a. 6,25 to scoop out, excavate
eschec/k s. 1,2,3 prey **oisel d'~** 1 , prey, illegitimate quarry, such as base game, causing a hawk to 'check' (i.e. make a false stoop), 'oiseau de change' (Tilander)
escorchier v.a. 3 to skin
escorné a. 24 lacking a nail
escrier v.a. 1,2 to call to
escrinker v.a. 2,3 to bend, twist, wring (to 'crink')
escure v. refl. 1 to shake oneself
espainnel s. 2 spaniel
esseymé p.p. 31 enseamed
estoc s. 28 stock (of a feather)
estopure s. 4 obstruction, stopping up
estront s. 13 turd, dung
eswage a. 5 watery

fein s. 17 dung
festu s. 34 straw
filaundres s.pl. 8 disease caused by intestinal worms (capillariasis)
fisselet s. 6,7 twig, stick
fraynne s. 22 ash
freidele s. 19,33 asphodel
freier v.a. 4 to rub
funces s.pl. 5 a disease caused by cold, not here the same as the 'frounce' (stomatitis); sinusitis
funtayne s. 25 ulcer

garnir v.i. 13 to warn, advise, inform
gez s.pl. 1 jesses
glemure s. 31 dirt, slime

gorge s. 3 cropful
greille a. 1 fine, slender; s. [corr. **glette** ?] 29 discharge, dirt
greins s.pl. 6 mouth ulcers (the size of a grain of pepper)

haie s. **muer de** ~ 2 mewed in the wild
haper v.i. 1 to pounce on (jumping to the fist)
haust s. 2 August
hure s. 3 hour

justiser 2 v.a. to master, control, discipline

la conj. 6 (= la u) where
leesse s. 1 leash; 34 breadth
lever v.a. 2,3 to raise (from a covert)
lure s. 1 lure
lurer v.a. 1 attract with the lure

mestre s.1 trainer of falcons
mie s. 18 small splinter, fragment
mitte s. 30 mite
muele s. 17 for *mule* 'gizzard' ? (Til., *Glan.* p.178)
muer a. see **haie**
muille, mole s. 3,29 (bone) marrow
mule s. 31,35 gizzard

niés a./s. 1,2 fledgling, eyas

palais s. 4 palate
perele s. **ruge** ~ 17 (red-veined) dock
persil s. 3 parsley
pipe s. 29 hollow shaft of a feather
poier s. 2 ability, power
plet s. 27 fold
plumee s. 31 feather pill or pellet, the skin with feathers from
    around the neck of a chicken fed to hawks, which, when
    vomited (as 'castings'), indicates by its condition whether the
    hawk is sick or not
plumer v.a. 2,3 to pluck, remove feathers

poier s. 2 power
pokerus a. 25 ulcerated
porion s. 23 wart, growth on skin
pressure s. 8 rennet
puilz s.pl. 30 lice

quiller v.a. 5 to gather

ramage a. prol.,2,3 bold, taken after some time in the wild
ré s. 4 'rye', a cold in the head, rhinitis, the result of various infections and trauma
rebuté a. prol., 3 tired, no longer keen
recet s. 1 refuge
rene s. 3 line
rescons a. 1 **solail ~** sunset

seil s. 25,31 salt
seuz s. 7 elder
seimer v.i. 22 to turn to grease, melt
sige s. 1 sear
stafisegre s. 30 stavesacre
sucher v.a. 4 to suck
surse s. 2 the act of soaring, upward flight

taie s. 31 membrane
teigne s. **~ de penne** 28 parasitic infection of wings (by ectoparasites)
terdre v.a. 29 to wipe
tirer v.i. 1 to make for, move towards; 4 to pull and peck at (to strengthen muscles and prevent excessive growth of the point of the beak)
tuaille s. 1 towel

voler s. 1 a suitable place for flying

waloper v.a. 6,29 to wrap

THE WINCHESTER
VERSE TREATISE

This vernacular treatise is found in Winchester College MS 26, a manuscript of 215 folios, written at the very end of the thirtenth century, composed of canonical Latin medical texts, including Bruno da Longoburgo's *Cyrurgica*, the *Practica* of Archimatheus, Ps.-Hippocrates *Capsula eburnea*, a commentary on the *Antidotarium Nicolai*, *Trotula*, the *Rogerina minor* and *maior* of Roger Baron, Platearius's *Practica brevis*, Johannes de sancto Paulo, *De virtute simplicium medicinarum*. The hawking treatise, the only vernacular item in the manuscript, precedes a copy of the ubiquitous *Circa instans*.[1] The scribe made many copying errors and his text consequently bristles with difficulties – relating to lexis, metre and rhyme (cases of assonance) –, some of which, in the absence of any other copy, inevitably remain insoluble. Nonetheless most of the text may be salvaged with reasonable confidence and with sufficient accuracy to demonstrate its affiliations with other falconry treatises (see notes). In the edition printed below I have not sought to indicate the standard elision with *de, que, si* etc, but non-elision is indicated by use of the *tréma*. Where possible metrical regularity has been restored by discreet therapeutic means in accordance with what I take to be the author's intention of writing accurate octosyllables, however deficient the Winchester copy may appear. The division of the text is largely my own since the scribe's use of paraphs is very sparing and largely confined to the first two folios. Directions (to the austringer) are couched in verbs in the third person (indicative and subjunctive) and it is the

---

1.   See N.R. Ker & A.J. Piper, *Medieval Manuscripts in British Libraries* 4 (Oxford, 1992), pp.619–21.

austringer who is to be understood as the subject / agent throughout. From time to time the author uses the first person and addresses listeners in the second person plural.

The opening section emphasizes the dignity of the work by indicating that it derives from a reputable (Latin) medical treatise, here termed 'fisike', in the sense of 'medicinal' as in Daude de Pradas,[2] but later alluded to in a variety of nomenclature,[3] and by invoking the contrast *curtais* – *vilein*. The author resolutely dismisses any idea of a *vilein*, or even composite, audience, which he may have felt was suggested by the work's being in the vernacular (*romaunz* 2,7). The Horatian *dulce et utile* is represented in *grant profit* (19) and *grant delit* (20). The *causa scribendi* (*achaisun* 21) is presented along with the name of the patron (*le cunte Simun* 32). The work treats of the care of hawks, how to deal with them and train them, and further, how to determine the diseases which may affect them. Its author is called *Samsun* who is said to have laboured for Count Simon because he recognizes in him a noble lover of hawks who appreciates their quality and who is himself generous. There is a surprisingly extensive section on Creation (43–64). A major source is the *Medicinal des oyseus* (referred to in 199, 230, and 274) of which it reproduces sections 42, 51, 44, 41, 55, 50, 56 (references are to the Digby text, see below ch. 3). Technical names of accipitrine diseases are printed in bold.

2. See *Dels auzels cassadors* ed. Schutz, 2291 'si com fezica o ditz', 2295 'et ancar fezica ensenha', and 2342 'segon fezica'.

3. See 150 'cum dist cil mestre ki l'escrit'; 169 'Ço testemoine cil auctur'; 174 'Si en l'escrit ne ment cist mestre'; 199 'Ço dit li medcinalx pur veir', 329 'Altre en retruis en ceste page'; 337 'en l'esamplaire'; 348 'l'escrit', 356 'Ore veuns de altre l'escrit', 497 'En cest escrit l'oi mult loer', 640 'Si ne nous fauset cist escrit', 696 'Oez que cist mires redit / Enz el traitié de sun escrit'.

Del title vei de cest traitét,   [f.69ra]
Ki par romaunz est esclairét,
Que n'est fable ne rotrewenge
4   Ne chaunçun feite de losenge,
Einz est estrait de auctorité
E de fisike translaté.
N'est pas romaunz a tute gent,
8   Fors as curtais sulement,
Kar si vileins i entendait,
Aparme[me]s s'enragerait.
Ki vileins est n'en hoe plus,
12 Einz lo quë il s'en traie sus
E oie quë a lui afert
E que sa nature requert.
Vilain od curtais comuner
16 Ne volt unkes lai eggarder,
Në hunc nature nel pout faire
Que ensemble fusent deus cuntraire.

    Ore entendez quel grant profit
20 En poez prendre e grant delit,
Meis kë einz oez l'achaisun
De quei est fet, e en ki nun.

1.   No title exists in the MS, but the titles quoted in the
        Introduction would explain and justify the author's
        observation here.
3.   MS *E ceo*.
5.   MS *estraite*.
7.   The use of the word *romanz*, perfectly natural in the
        context, reminds us that Daude de Pradas says at the
        end of his treatise *Dels auzels cassadors* 'mos romans del
        tot complitz es' (3736).
13.   MS *quo*.
22.   *ki* = 'whose'

Ço sunt deus choses, asavair
A quai est fait, que dait valair:
De osturs e de espervers saner,
Nettement traiter, doctriner,
E veër lur conplexiun
Dunt lur vent [e] mal e felun,
De muer, e de tute cure
Ki covengë a lur nature.
Samsun ki mist a ço s'entente
Le cunte Simun le presente,
Kar ne set hume en sun païs
Taunt digne en sait, ço li est vis.
Par lui unt pris, par lui sunt cher
Mais que par autre chevaler,
Kar il les tent en grant cherté,
Si·n revolt ben faire bounté.
Pur ço li clers [mult] busuneis
L'en ad choisi al plus curtais,
Kar ja de aver ne de felun
Ne troverat romanz nesun.

Or dirai del mediciner
E la doctrine del garder.
Ki ben i met del tut sa cure
Primes enquere lur nature,

23.   MS *E co*.
24.   MS *e que*. The emendation to 'qui' would give the sense 'to whom it will be of service'.
26.   MS *E nettement ... e doctriner*.
35.   The subject of the line is hawks.
42.   The verb *trover* is perhaps used in the sense of compose: 'nobody would compose a vernacular work about / at the instigation of / a miser or wicked man'.
43.   MS *Ore*.

Kar sicume de nous veuns
48   Que de nature diversuns,
Les uns umbles, les uns orgoilus,
Alquez irais e envious,   [f.69rb]
Kar si nus veuns diverser,
52   Ben poüns par resun prover
Que diversent ces creatures
Sulunc lur murs e lur natures.
Furmez sumes de une matere,
56   Mais que la nostre out Dex plus chere,
Kar de sun saint Esperit demeine
En face de hume mist sa aleine.
A sun semblant, a sun ymage
60   Nus fist, ço dit divine page.
Oiseuz, bestes vivifiat
A l'os hume que plus amat,
Mes lur vivificaciun
64   Diversat de hume par reisun.

     Ore est dunc par resun mustré
Que de nature hunt diversité.
Nus me[i]mes prover poüns
68   De ces osturs que nus veuns,
Ki de occean sunt aporté,
Avisunkes sunt coluré,
E li ostur oriental
72   Poi descolurent en nul mal.

49.   The line is hypermetric and may have been corrupted from an original *Les umbles e les orguilous.*
50.   MS *envirous* with *r* expuncted.
59.   MS *e a sun ymage.*
66.   The line is hypermetric and might be emended by the omission of *que* or by adoption of the form *diversté.*
70.   MS *coluree.*

Ço fet diverse qualité
De l'air de[l] liu u sunt cové.
  Ki de lur mal conustre ad cus
76   [Si] veiet, s'il est tisikus,
De quai li sait cil mal venuz
Del bec, qui trop lui est cr[e]uz.
Autre achaisun vus en pois rendre
80   Dunt l'enferté li soleit prendre.
Tisis, ço est en griu un nun
D'enfertez qui vent en polmun.
Par diffinicïun seüre
84   Est plaiement et enfl[e]üre.
Tisis fet tel entendement,
De tut le cors est wastement.
N'est merveile si l'unt cisel
88   Quant l'unt neïs li juvencel.
As juvenceus solt tos doner
E ostur feit tesguer, baer.
Quant hom le pest, greiment transglot
92   – pur le lounc bec de ren ne dot –
Molle char e decarpie,
Quë es narines at collie.
Overt le bec e pauntisaunt
96   La rent des funceus espuant.
Que vus en dirrai jo [dunc] plus?
Sifaitement est tisicus.
Ore i covent sens esgarder: [f.69va]

74.   MS *covee*.
75.   MS *del*.
79.   MS *Austre*.
80.   MS *tel enfermete*.
81.   'Tisis' is consumption. See DP CXV (*Tesga*).
82.   MS *De enfermetez*, with *me* a superscript addition.

100 Ki ben le volt med[i]sciner
Sun bec li deit apareller,
Od gleire d'eof sovent freier
Ki tant sait batue e menee
104 Quë ele sait tote escomee.
Si deit sis ostricers garder
Que il le facet sovent tirer,
Que l'umur que li est el cors
108 Par les narines eisset fors.

De incia

Si de **incia**, cel enferté,
Est a l'ostur li malx fundé,
Dunc li deit l'um feire poisun
112 Tele cum nus enseingerum.
Incia est assemblement
De flegme qui es os decent.
De illoc par un poi de achaisun
116 Vent redundant sur le pulmun
Dunt ça desus vus ai mustré
Que deplaiez est e emflé.
Ces trais herbes conoistre sace,
120 Ço est rue, mauvez e ache.
Oint ait de maiol u de ver,
Si l[e] funde en paele de fer,
E quant il serrat eschaféd,
124 El jus des herbes sait mesléd,
Mais li jus seit e net e bel
[E] ben coléd par un drapel.
En boiste le mette segier,

110. MS *si li malx*.
118. See l. 84 above.
120. MS *Co ci est*.

128 Puis l'en dunt aprés sun manger.
Dous feiedes en ait l'ostur
Quant il l'averat peu el jur.
Issi l'en dunt seir e matin
132 Tant que sun ostur facet sain.

De agulles

Si de **agulles** at enferté,
Un mal ki si est apelé,
K'il volt garir que ne sait mort,
136 L'ostur en u[ne] selve port
Hu solent pestre li chevril
Delez boisun u lez sevil.
Le cor de un male prenge e ost
140 [E] de si chaud le peset tost.
Lest le seaer al soleil chaud
E puis verrat que mult li valt.

131. MS *e seir*.
133. MS *enfermete*. *Agulles* are needle-worms. See DP CXVII.
137. MS *cheveril*. See DP 3373:

En la forest, on so.ill cabrol
e c'om soven penre n'i sol,
l'auzel portaretz ...

139. See DP 3375:

e casatz
un cabrol tro que pres l'aiatz,
e del cor, on plus caut poiretz,
del sanc mondat lo paiseretz.

141. See DP 3379:

Pueisas lo pauzatz ben azaut
en un ram contr'al soleill caut,
que.ls hueils e.ls pes li toque.l rais.

142. MS *plus*.
143. MS *Austre medicine*. DP 3431:

Encara faitz un'autra cura:
datz li d'eram la limadura;

Autre medcine en voil mustrer
144   Dunt hom lo pot mediciner.
Limeüre de fer pudree
Desur sa char l'en seit donee.
Ou se li dunt veirre poldree,
148   Si en pot estre medcine[e].   [f.69vb]
    Une en retruis dunt ben garist
Cum dist cil mestre ki l'escrit.
Prenge faisil qui est chaüz
152   De chaud fer quant il est batuz,
Desur sa char quant le pestrat
Li dunt en pudre, si en guarrat.
    Encore en rai trové medcine:

Adelard 18: 'Vel limaturam eris ei cum carne dabis et
morientur [sc. aculei].'
147.   MS *ueure*. Cf. DP 3427:
            Enquera d'aguillas gueris
            aurs o azurs qui.l polveris
            e desobre la carn ne gieta
            e tres jorns l'en dona diëta.
148.   MS *medicine*.
150.   MS *Si cum dist* is a superscript insertion.151f. See 339–40
        below.
155.   Cf. DP 3409:
            Metzina.ill faitz autra qu'es bella:
            l'enteruscle de la niella,
            c'om clama git per autre nom,
            en un budelet de colom
            metetz, e.ls caps abdos liatz
            e pueis a l'auzel o donatz;
            o, si.us voletz, lo budel vesta
            l'enteruscle de la genesta
            o.l suc de l'ausen ben colat,
            car cascuns li dara santat.'
Adelard 18: 'Item, interuscum geneste in budello pulli
inclusum da ei. Probatum est.'

156   Mettre el boel de une geline
    Tot plein d'e[n]trerus de genest
    Ki crest par ces desers e nest.
    El b[o]el mettet belement
160   Se il nel volt user altrement.
      Ore en rai ci autre trovee:
    Le herbe serpentine ait trible[e],
    Del jus rait empli un boel
164   De columb u de columbel.
    Se par trais jorz li feit user,
    Pur veir l'en pot med[i]ciner.
      U ki un buc escollerait
168   E de si chaud l'ostur pesterait
    – Ço testemoine cil auctur –
    Ben en purreit garir l'ostur.
      U char de coc espés pudree
172   De une herbe que at a nun sarré,
    Proscainement en pot sains estre,
    Si en l'escrit ne ment cist mestre.
      Un'autre en truis ineslepas:
176   Prenge de terre les aäs,
    Se transgloter li fet toz vis,
    Ben en garrat, tuz en sui fis.

---

159.   MS *li mettet*.
161.   DP 3423:
> Del suc de l'erba serpentina
> en un budelet de galina [see above 156]
> li faitz tres vetz beure gran re,
> et enaisi guerra dese.
167.   DP 3445, 'duc [corr. buc] esventailh li faitz manjar / al plus caut que.ll poiretz donar', is obviouly corrupt, but may be the same remedy.

[*De poilz*]

    Veuns de autre medcinement,

180   De cest ai dit sofisaument.

    Quant li ostur perd sun desir,

    Dunt li solent li poilz venir.

    Ki lors garde s'en prend[e]rait

184   Sovent escurre l'on verreit.

    Se il est cras, suffrir les pot,

    Meis med[i]ciner l'en restot,

    E si megre ert, tost en murrait.

188   Ki medcine l'en eisi frait

    Medciner en pot sun oisel

    De la greine de un arbraisel

    Que li poples claimet fusain;

192   Ungement facet, si ert sain.

    Od aisil les deit destemprer,

    Ou ad fort vin, ce·l pot truver,

    Solliet les plumes a l'oisel,

179.   DP CXVIII.

185.   DP 3449: 'Auzels gras non so ten en re, / mas lo magres en mor dese.' Adelard 14: 'Si pediculos habuerit et pinguis fuerit, nichil obest.'

188.   Possible readings of the second half of the line are extremely insecure.

189.   DP 3473:

> Autra metzina ben sertana
> contra peoills: qui pren la grana
> d'un arbre que a nom puditz
> (e car es vers, la gens o ditz);
> e can l'aura fort ben trusada
> et ab vinagre destrempada
> las aureillas l'en onh e.l col,
> li pezoill si tenran per fol;
> e sotz las alas autressi
> l'en onh; mort seran almati.

196 Juste la char l'en oingez bel,
Et jou des eles e el vol, [f.70ra]
Es orilleres e el col,
Ço dit li medcinalx pur veir,
200 Mort les verrat el main chaer.
    Se altre medcine en revolez,
De put fust la graine pernez.
En eugue quisez lungement;
204 En cele baint l'ostur suvent,
Puis la siccet a un soleil,
Se ne guarist, mult m'esmerveil;
    Encore en sai autre medcine:
208 Prenge freisnele e franche vine,
De ces dous face une leschive,
L'ostur i baint, s'il volt que il vive.
Al soleil la cecce e essuit,
212 Tut li poil [si] serrunt destruit.
    Autre vus en resai mostrer:
O lene teile deit eschaufer
Dunt l'enmailluet a dreiture,
216 Iscerunt tuit a la teinture.

    Së enfermté li est venue
El chef, ke perde la veüe,
Dous veinettes qui sunt veisines

217.   See DP (LXXXVII) 2509:
            S'a tant estat per noncaler
            que mals l'aia tout lo vezer,
            las venas dels hueills li queretz
            et un pauc de sanc ne trazetz
            ab un flecme ben sotilet.
        See also Adelard 10: 'Universalem autem capitis medi-
        cinam hanc esse dico: ut eum accipias et super nares ubi
        vene iunguntur coquas ...'

220   Entre les oilz e les narines
           Od un cleün les deit pincer
           E tenir que.s pusse tailler
           Od une achettë afilee.
224   Un'altre en ait ben eschafe[e]
           Dunt il quiset la trencheüre.
           Puis de une tenve doleüre
           Ait bendez les oilz de l'ostur
228   E ne l'en ost de tut le jur.
           Al terz jor ert gari del mal,
           Verrat, ço dit el medcinal.

           Hom ki ben se volt entremettre
232   — Ço testemonie la lettre —

226.   The word *doleure* is probably an error, since it is difficult
       to see how the sense 'adze' might fit here. *Bendure /
       bendé* seems an unlikely repetition.
232.   See DP 2521:
                   et el som, on son las jonhturas
                   dels os, qe resemblon corduras,
                   vos lo cozetz, e sabetz co:
                   ab una prova de lato
                   fort ben cauda vos li tocatz
                   sel loc aitan tro que veiatz
                   que.l cuers rim, e guardaretz be
                   sill calor no venga per re
                   als hueills, que cozeria los,
                   mas faitz aisi com vol razos.
                   Aiatz una sotil posteta
                   et aqui entre hueills si meta
                   e la prova; si.l gardara
                   que.ill calor mal non lur fara;
                   et d'aiso.us fauc sertan e dug:
                   cant sest auzel auretz si cug,
                   qu'el en tres jorns cobre sa vista;
                   mas a quec jorn vos aiatz quista
                   per son manjar una rateta,

Al ben garder mettrat grant cure,
Kar mult est de tendre nature.
Se de une char est ennuiez,
236   Tot en repot estre empairez.
Pur ço resolt sa char geter,
Si l'en estot med[i]ciner:
Eue li deit offrir, ço cuit,
240   E nel peisset desque la nuit.
[...]
Oiselez chauz ait a deletz.
[...]
244   U dunt li russetes surit[z].
E se il avait de une pudrette
De la semence de une herbette
Ki primeveire est apele[e]   [f.70rb]
248   E de cele ait sa char poldree,
Sa char li pot fere tenir,
E[n]fin soult ben ostur garir.

o sivals una passereta,
e totas vivas datz las li,
car plus se deleit'enaisi.
Sesta coitura es valens
az ausel cant es no vezens
que bos e bels a viscut tan,
que non pot vezer tan ni can.

239.   See Adelard 11: 'Si carnem suam accipiter vomuerit, mane ei aquam porrige, et usque ad vesperam ieiunare fac et tunc aut sorices aut passeres ei prebe.'

241.   It is not certain that lines are missing here if we accept the rhyme *deletz* / *suritz*.

244.   MS *de une*.

Se dunc le fet plume[e] user,
252   Se en ert plus egre de voler,
De manger li rendrat talent,
Si.n ert plus sains, se cist ne ment.
Se l'um le voit suvent baer
256   Pur tesgue, dunc solt enfermer.
Dunt li treis morsels de orpiment,
Si en garrat tut hastivement.

[*De teigne*]

Se ore at son de mai entendre
260   Ki volt d'ostricerie aprendre,
Tant li dirrai einz le demain,
Ja n'en ert tenuz pur vilain!
Kar ki de ostur volt ruiccier
264   Mult li covent suef baller.
Se il n'at endebletéd el cors,
Ja le pot il aver dehors,
K'a tresque la penne li faut,
268   Voler ne pot ne ren ne valt.
S'enprof la char at penne fraite,
Sempres hy est la teingne atraite.
Morir en pot hu mahaimer,
272   Ke de ço ne li volt aider.

251.   See Godefroy, *Dict.* 6,234b 'oiseau donné en pâture à un faucon' and the Cambridge 'Tretiz' (chapter 1 above) §31. Here the reference is probably to a natural lure, customarily made up from parts, including feathers, of a dead bird.

255.   MS *volt*. See DP (LXXIV) 2111:
Cant auzels trop soven badailla,
d'una vert rana faitz vitailla
O tres granetz li donaretz
d'aurpimen, can lo paiseretz.

260.   MS *osticirie*.

De trais maneres teingnes sunt
Sicum li medcinalx espunt.
Kar tel teingne i at ki est neire,
276 Tele blanche, tele vermeille,
Ço testemonïent cil mire.
Al saner est la ruge pire,
Cele li derompt e mangue
280 Tresquë ele est a char venue.
Pur tut garir prenge l'ele[e]
E la penne u ele ert truvee,
Cler mel laist desus deguter.
284 Puis deit savine ben tribler,
Od fort aisil seit ben soldee,
La teingne muilt si hert sane[e].
  Se garir le volt autrement,
288 Prenget dunc chauz e arrement.
De cele[d]oine ait jus triblé
E od fort aisil destempré,
Mett'en es teingnes e entour,
292 Puis al soleil essuit l'ostur.
Se si li volt faire tres di,
De la teingne serrat garri.
  Se la teingne n'adeise al cors,   [f.70va]
296 Dunc en traiet la penne hors.
Eneslopas mett'es pertuis
De une medcine que ci trois.
Sur chaud[e] tuile arde arrement,
300 Que poldre en facet soltiment.
De la semence de la rue
E de la naële molue

279. MS *deropout*.
286. MS *e m.*
297. MS *mettez*.

Ouelment deit sces trais meller,
304 De fort vin u de aisil solder.
Tuit le[s] pertuis emplir en lest.
La pene hi mettet que il en trest,
Si en garrat, ço vus enseigne,
308 Quë es altres n'aveint la teingne.
        Encore en truis medcines plus:
Del noer prenge l'entrerus,
Fens de oie, suie e arrement
312 Deit meller od cest ungnement.
Mais fens de oie ki mettet plus
Que des autres que dis desusz,
Al mains en saient les douz parz
316 [E] en ces dous ait tut ço ars.
La poldre enseignë asembler
E od fort aisil destemprer;
De cel unguent garrat, ço crai,
320 De la poudre hi gette par sei.
        Altre en retruis en ceste page:
Prendre amblette, dolne, culrage,
De chescune ait mincé le lot,
324 Od buire quiset en un pot.
Parmi un drap prendre e coler
Cum quire qu[ë] om volt munder.
De la graisse ki floterat
328 Oignez la teingne, si en garrat.

303. MS *Ouelement*.
307. MS *Issi*.
312. MS *unguement*.
313. MS *fente*.
319. MS *unguement*.
320. MS *E de la p.*
324. MS *quisent*.

Altre en retrois en l'esamplaire
Ki asez est legere a faire:
Prendre faisil ki est chauz
332   De chaud fer quant [il] est batuz,
En eu le deit espés meller,
L'ostur hi baint, si dait saner.
  Altre medcine en troverum:
336   Ait ge[ne]st, waide e ceneçon,
Od fens de oie les deit tribler
E od bon aisil destemprer,
E [si] de cest gari la teirgne.
340   Si ço ne valt que ici enseigne,
Se il le volt garir autrement,
Prenget dunc sel e arrement,
Od fort aisil les facez boldre,   [f.70vb]
344   Si hi mettet de aloine poldre,
Meller ensemble les estot,
Puis, si le levet, garir pot.
  U que le vert genest prendrait
348   E terrestre hiere, sis arcerait,
Od bon vin lessive en fesist
E freis bure desus mesist
Ot une pene en degusta[i]t

331.   Cf. 151–2.
333.   MS *eue*.
336.   MS *gest de waide*.
337.   MS *fente de oie*.
340.   MS *icist*.
341.   MS *Se garir le volt autrement*.
343.   MS *boludre*. AND2 attests *buildre*. See Adelard 15: 'pulverem absinthii et salis cum aceto bullire fac et unge locum ubi tinee assunt.' He mentions 'pulverem atramenti' in the preceding receipt.
344.   MS *alcune*.

352   En liu u la teingne trovait,
Mais gard sur altres ne.l degute.
Ben en garra, de ren ne dute.
  Des teingnes avuns asez dit,
356   Ore veuns de altre l'escrit.
De oisel garder sicum einz dis
Covent estre mult ententifs,
Kar si muntez est trop en graisse,
360   Par orguil la rivere enlesse.
U quant il est de mue ostez,
Que tut est en graisse muntez,
Ki dunc nel set ben abaiser
364   Ja prou nen porrad rivaer.
Nequedent a l'essaïmer
Li covent mult amesurer,
Que la custume de la mue
368   Ne li sait trop a fais tolue.
Së enceis nen est afaitez,
Si quë hom en ait rivaez,
Petit e petit chescun jor
372   Peisset od eue sun ostor.
Se tost le vout essaïmer,
Tendres pulcins li face user,
U de pulmun le paisse od date
376   E [puis] veit que trop ne s'abate.
  [D]'autre manere lo sainunt
Que chaud pulmun de porc li dunt
Od saunc mellét [a] la vespree
380   [...]
[...]

362.   MS *tut sunt*
365.   MS *essaiemer.*
378.   MS *de chaud pulmun.*

N'ait plus al jor fors eue clere.
　U reface autre medicine:
384　Dunt li supes de char porcine,
De tel guise le pot megrir
E afaiter a sun plaisir.
Si de rivaer est lassez,
388　Que ne pouset manger asez,
Prenget de verges vermalture
Quë od sa char ait [la] polture.
Suvent l'en dunt, si tolt le ré,
392　Del tut le cors le rent santé.

　Des or voil comencer reisun   [f.71ra]
Cumfaitement unt mueisun.
Ki del muer volt estre mestre,
396　Bones chars deit l'ostur pestre.
Qui tut tens veit en sun charner
A plenté char, se il volt manger.
E al terz jor eue li dunt,
400　Par ço ostur bone pene hunt.
[E] ço refait muer oiselz
Que l'um lur dune cigonceus.

385.　MS *cele*.
387.　MS *si lassez*.
388.　MS *pousez*.
392.　MS *E de tut*.
393.　MS *ore*.
394.　MS *Cume faitement*.
396.　MS *De bones choses*.
400.　MS *lostur*.
402.　DP9 (LX) 1569: 'Soritz e.l petit segonho / fan mudar ausel per razo.' See also Adelard 24 'iuvenes ciconias dabis ei.'

Altre medcine en rai veüe
404   Ki revolt mult haster de mue.
Quant li septembre hi ert venu,
Cuillez la graine del seü.
Dous jorz leisset gesir en terre,
408   Puis li covent net orge querre
Que la meité de la semaine
Leissez mustir en cele graine.
L'orge mangust une geline
412   E l'ostor li pur sa medcine,
Mes que la char primes en teingne
De la geline en cele graine.
U prenget la verte lesarde,
416   En un nof pot la mette e arde.
Se la poldre l'en fait user,
Ses pennes li ferat geter.
Se autre medcine en revolt faire,
420   Prenget la colevere naire
Que poldre en facet ensement,
Si muerat hastivement.
Se par craisse le volt muer,
424   Autre sens le voil dunc mustrer.
Paisset [le] dunc de un chaut filet
Traiez des lumbles d'un porchet
Od la gresse ki est entur,
428   Lo facez manger a l'ostur.

403.	MS *medicine*.
406.	MS *seue*.
410.	MS *La leissez*.
415.	See Adelard 24: 'viridem lacertam in olla rudi comburas et eius pulverem in carne ei prebe.'
420.	MS *Prengez ... uaire*.
426.	MS *Que entraiez*.

Se pot un[e] serpent trover
Ki en ces elles sout haunter,
Se cel serpent prendre poeit,
432 Duble profit en avereit;
Medcine en avreit merveiluse
E une pere precïuse,
Kar n'ad sus cel [nul] idropi
436 Par la pere ne fust gari.
Lo serpent li covendreit prendre
E par la coue a un fust pendre.
Od une corde l'ait pendu,
440 Par la coue ben estendu.
Seit jorz deit pendre li serpent, [f.71rb]
E set jorz cuntinuelment
Venge al serpent chescune nuit
444 En quintë houre, ne s'ennuit,
Lumere ait od sai que arder face,
Ço li diet: 'mais huns s'escace.
Lo hom formez de paradis
448 Hu fu posé Adam jadis,
Ja jur par Deu omnipotent
Dun mai la pere de tun ventre'.
Chescune noit la face issi
452 A cele hure cum jo vus di.
[E se] set fez en la semaine
Seit en veissel plein de fontaine,
La pere einz en l'eue charrat

431. MS *cele*.
433. MS *avereit*.
440. MS *beu*.
442. MS *continuelement*.
454. MS *Seit en un* v.

456   Que tute la pere secherat,
                Gemme avrat du[n]c bone e vailant,
                Puis en pudrë art sun serpent;
                Se dunc en fet l'ostur user,
460   Hastivement l'estot muer.

                 Seignurs, mult sunt oiselz grevez
                De diverses enfermetez.
                De meinte guise engrotement
464   Hunt li oisel cum[e] la gent;
                N'est merveil s'il hunt enferté.
                Oisel ki sunt desnaturé
                Unt de muz mals mesaventure.
468   [...]
                Un'enferté veit l'om d'ostor,
                Que poi conuissent li plusur,
                Que l'un le vait tesger, baier
472   E par le nes l'ot l'um rasler.
                Cel'enferté el chef li tent,
                Par manger moles chars li vent.
                Apertement le vus puis dire
476   Quant il est lunges que il ne tire,
                A ço garir covent esguard
                E a saner aukes de l'art.
                Une poisun li facet l'um
480   Quë escrikesauve nomum.

456.   MS *Si que*. On the grounds of sense and the repetition of *la pere* the line might be considered corrupt.

465.   MS *merveille … enfermete*.

480.   See Adelard 27 who gives the name *strica* (< OE *stræc* 'strong') to the salve: 'Salva alia confortativa, que apud veteres Anglos vocatur 'milda', alia purgativa que apud eosdem 'strica' dicitur …' and 28 for a different receipt

[Si] prenget hi andré e salge
E ravrë e si ait jubarbe,
De chescune ait egal[e]ment.
484   En vin les quisez lungement.
De masle porc i ait [le] saim,
Treis fez les quiset od le vin,
Treis feiz hi sait le vin esqoit,
488   Un jor les quise u une nuit.
E quant colees les avrat,
La greisse desus en prendrat,   [f.71va]
Ovoc quoit mel l'ait amesle[e]
492   E od maie buire soldee,
Si que del mel i ait dous tanz
Que del buire, dunc ert vaillanz.
L'escrikesauve en boiste mette
496   Ki mult sait ben lavee e nette.

En cest escrit l'oi mult loer
Quë a muz mauz valt par user.
Se trop pulsif veit sun ostur,

from the one found here. See the *Medicinal* (ch.3 below)
§32 and Til., *Glan.* p.99.
482.   MS *ait el ne net jubarbe.*
489.   MS *averat.*
492.   Cf. DP 2556 'buire maienc.'
494.   MS *hi ert.*
497.   DP LXXXVIII (*batige*).
499.   DP 2547:
                 Si vostr'ausels es trop polsius,
                 so fai asma, uns mals esquius,
                 que.ill fai batre lo cor plus fort
                 que no deu, e a.l ivatz mort.
                 La limadura de l'eram
                 li datz soven sus el reclam.
Adelard 12: 'Heris limaturam da ei frequenter et eboris'.

500   Oez que l'en dit cest auctur.
           Par sai dunt lime[ure d']araim
           Suventefaiz, si ert tut sain.
           Ço refait a garder de oisel
504   Ne li estreinet le boel.
           De ço nuriset peire oscur,
           Si.l fet esmeltir a dolur.
           De l'ardor ki al cors li teint
508   Ne se pot voider, einz s'esprent.
           S'il vent le peire kil rent mort
           Dunt la gent morent par tel sort,
           Ki s'en serrait aparceüz,
512   Ainz que li mechains fust venuz,
           Un tuel de malve presist
           E en eue ben le quisist
           Tant que de l'eue n'i n'ait ren,
516   Puis od bure seit triblé ben.
           Puis le requisez el veisel,
           Cum cyre coilt par un drapel.
           De la greisse ki ert desus
520   Le paisset, ne li estot plus.

             Se hom set ço k'il at la peire,
           Garir la pot de tel manere.
           Facet must de gentil raisin,
524   Si.l dunt tant beivre a un polcin;
           U en le bec l'en lest coler
           Que il more, puis li face user.

500.   MS *auatur*.
501.   MS *li dunt*. DP 2551: 'La limadura de l'eram / li datz
       soven sus el reclam.'
509.   MS *ki le*.
518.   MS *le coilt*.
525.   MS *U el*.

Puis pren veuz lart aguement,
528 Si li en bote el fundement.
Se tel entente hi volt avair,
Garir l'en pot, tut mun espair.
Autrement sai garir oisel
532 De l'estresce del bodel.
Grant morseus ait de char de vache,
En eue un poi quire les face
Si que la char aukes blanchice;
536 Dunt l'em se il volt que il en garisse.
Quant hostur sout sa char geter,
Si l'en sout l'om [de] ço doner, [f.71vb]
A cez enfermetez li aie
540 E li boeles li esmeie.

528. MS *bate*.
531. DP (LXXVI *gola estreita*) 2131:
Si vostr'auzels a gol'estrecha
que non pot passar via drecha
ni transglotir so c'om li dona,
una metzina faitz qu'es bona.
See Adelard 20 ('Pro stricto budello'): 'Magnos morsellos < carnis > vacne in aqua tepefactos donec albescant ei appone.'
532. The correct metre would be restored by reading *estreitesce*.
533. DP 2135:
De carn de vaca faitz morsels
aisi grosetz com vostr'ausels
si gol'estrecha non agues.
534. DP 2139:
En aiga tebea estan,
sill morsel, aisi fait estan,
que sion tornat blanc e le.
535. DP 2143:
Sol c'aitals morsels li donetz,
en pauc de temps garit l'auretz.

De la peire ai medcines plus:
De la grebeche prendre jus,
Le ele chaud[e] de une geline
544   Face mostir en la medcine.
Se dunc la fait l'ostur manger,
La pere estovrat despescer.
    Lard cru laist pendre en sa main,
548   Ne li doinst fors eue al demain.
Se la medcine li fait si,
Nen ai dute ne sait gari.

    De autre enferté ravez la cure:
552   [Pur] garir novele rumpure
Consolde menue est medcine,
Les foiles prendre e la racine.
Laver les fetes e tribler,
556   Taindre al jus la char e user.
Se dunc le asét en oscurté,
Si pot par ço estre sané.
Se il n'est gari de altre manere,
560   Dunc li pot tost venir felere.
Veuz rumpurë e sursané
Avishunkes est medciné

542.   See Adelard 19 (De petra): 'De grumillo ius exprime et ibi carnem intinctam ei prebe.'
546.   MS *estoverat*.
547.   *pendre* for *prendre*.
551.   MS *enfermete*.
555.   MS *les prendre*.
560.   Adelard 16: 'Prius intellige quia a felle fellera dicitur, eo quod colera rubea que in felle sedem habet tunc habundat et per corpus diffunditur, adeo ut rostrum ac pedes discoloret. Tunc vero id accidit ut more solito audacior fit, quia vis audacie omnium viventium in colera rubea consistit.'

Avishunkes u rel[e]ment,
564 L'en pot hom faire sanement.
Auques l'en pot l'um avier
Del tut gari nemés vanter.
Vie l'en pot l'um resplaiter
568 E lungement puis rivaer.
Cil mal rent ostur de tels murs,
A plain est egre e coragus.
A ço corast le mal ke volt
572 Ke li ostur feit vert esmout.
De egresce prendrait un runcin
Altresi tost com un polcin.

A destreindre se est enferté
576 Trois de medcine auctorité.
La cime del genest dait quere,
De here altretant ki crest a terre,
Tribler les deit, prendre e coler,
580 Teindre sa char e faire user.
Ne puis encor trover escriz
Que del tut le mal [en]guariz,
Mais aukes pot l'um sortenter
584 E lungement vivere e user.

Or larrai ci de la **felere**,
Si parlerai de autre manere   [f.72ra]
Si li ostur **quisture** avait,

562. MS *Ki a.* In his discussion above Adelard 16
distinguishes *fellera* from *rup:ura*, the latter being deemed
incurable.
575. MS *enfermete.*
580. MS *hi sa.*
581. MS *encore.*
583. MS *aukes len pot.*
585. MS.*Ore.*

588 Par quel medcinement garrait.
  De espurge deit le jus coler,
  De bure altretant parmel[er].
  Solder les deit ben einz que leist,
592 Puis prenget la char dunt le paist,
  En boilante eue sait brie[f]ment,
  Puis la teingnet de l'ungement.
  L'ostur en paisset a dreiture,
596 Si garrat ben de la quisture.
  Së il seisist u oue u grue
  E nen eüst si tost aiüe,
  [Ne] de chen ne de rivaor,
600 E menbre frainst a l'ostur,
  Crotes de rat od oint triblast
  E [a]tant que sains fust li hast.

   U si coste li ert quassé,
604 Presist plantaine e lancelé,
  Mirfol e les jus destemprast,
  Od fresche bure les soldast.
  Par trais peloteces, lo, dont
608 As osturs, si resanerunt.
  N'est beste, si li ert doné,
  Ki par ço ne rëoust saunté.

   Së esloissét li ert le pié,
612 De altre oisel ait le dun moillié
  En mel, sil lie estraitement,
  Puis ert gariz prochainement.

590. MS *par uel.*
606. MS *E od.*
609. MS *donee.*

Ci rai un sens d'ostur veü
616 Dunt meinte gent sunt deceü,
Que si.l veit l'om descoluré
Quant il sunt de loinz [a]porté,
Nequedent cras e ben manganz
620 E mult halegre sunt alquant,
E poi set hom rendre achaisun
Se por enfermté l'unt u nun.
Pur ço fait mult a reduter
624 A cels ki.s deivent achater,
Kar se il le achatet engrotez,
Sun avair pert, si en est gabbe[z].
Medcine li sai acomter,
628 Dunt ben purrat ço essaier.
Së il est sains, ben lo verrat,
Kar en color le remestrat.
E si par tant ne rat color,
632 N'est dunc mie sains li ostor.
A cest esprovement savair
Covent noiz de nuer avair,   [f.72rb]
E le noel prendre e parer,
636 Od let de femme destemprer,
[E] escortre par un drapel
Es oilz e el nes de l'oisel.
Ben en verrat co quë ai dit,
640 Si ne nous fauset cist escrit.

De altre enferté refaz mon bref:
Së ostur ad enferm le chef,
De salgeme li ait fraiét

636. MS *E od.*
641. MS *enfermete.*
643. Cf. D65.

644   U el palais quand ad mangét.
     As ners d'un vel coc tirt suvent,
     Si.n guarrat ben hastivement.
      Se.l volt altrement medciner,
648   Dunc le facet si estuver
     En eue chaud[e], clere e nette;
     Tresquë as oilz le bec li mette,
     Qu'al nes venget li mal humor,
652   Puis face enprés tirer l'ostur.

      Encore i ad plus de medcines:
     Së il ad closes les narines,
     Peivre e fringe l'en dait tribler,
656   La poldre as narines sufler.
     Puis de un petit de la poldrette
     De la fringe el palais li mette.
     Ces poldres solt od fort aisil
660   [...]
     [...]
     Puis le lest al feu entedvir.
      Prenge un polcin u un poün,
664   Si li dunt sa confecciun.
     Quelque de ces deus userat,
     L'ostur enpaisset, si guarrat.

      De altre medcine est bon que die:
668   Or parlerai de la **pepie**.

    644.   MS *en le.*
    651.   MS *Quesque al.*
    652.   MS *facet.*
    653.   Cf. DP (LXXII).
    658.   MS *es.*
    668.   MS *Ore.*

En la launge li solt venir,
Piper li fet e mult fremir.
   Medcine en vai ci esprovee:
672 Prenge la lange, si li ree.
Fel de altre oisel mette desus,
Ne li estot ja faire plus.
   U se li maus ert revenu,
676 Buire li donast od lard cru.
S'est si enferms que ne covait,
Par leit de chevre le garrait.

   Se de medcines volét mais,
680 Dirra[i] vus de ostur trop criais,
Ço est un vice mult haïz,
Oïr de ostur tuz tens les criz.
En tel liu pot hom rivaier
684 Que nel vodrait li ostricer   [f.72va]
Estre de tute genz veüz,
Einz voldrait que l'ostur fust muz
Ke dunc le set faire taisant,
688 Que ne l'empirt [ne] poi ne grant.
Vaunter se pot de ostricerie
Que en ad une bele maistrie.
Kaves-sorrit hi dait trover,
692 Uverir e les boels geter.
Paivre molu gette el carcois,
Suvent le pesse, si ert rois.
   Oez que cist mires recit
696 Enz el traitié de sun escrit:

667. Cf. D50.
675. Cf. D50.
678. MS *chevere.*
681. MS *une.*
686. MS *li ostur.*

Tels hom le pot pestre e porter
Ki tost fet l'ostur engruter,
Kar ja oisel nen ert si sain
700   Së hom irus l'a en sa main,
Que ne sente ses qualitez.
E sodement ert grevez
S'il a furmage manié
708   U novelment ait ail mangé,
U irais sait a demesure,
Sempres li nuist a sa nature.
Sous hom[e] sait, ço vus volt dire,
712   Li ostricers cumme lo mire.
Aspodors dait mires partir,
Des malades sis dait garir.
Li ostricer suffrir redait,
716   Se plus s'esbat que il nel voldreit,
Nel sac[e] a sai trop durement
Nel ne laist pendre lungement,
Suffrir si redait par mesure
720   Les maneres de sa nature.

   Mustrer revol du[n]c enferté
Que li plusur apelent **ré**.
De ço osturs panteise e bee,
724   Par chaud li prent e par fumee.
Li maus [est] fors e [mult] dotus,
El cors la crime(?) secche tus.
A ço garir covent poisun

701.   MS *nel ... en ses.*
716.   MS *Ses.*
721.   MS *enfermete.*
723.   MS *parteise.*
726.   MS *cr'me.* No satisfactory resolution suggests itself.

728   Faire par grant discrecïun.
       Uelment prenge ail e jubarbe
       E [la] verveinë od la ravre,
       Tut ço ensemble sait triblé,
732   Cuire od bure ben esorcé,
       De cele [ch]ose si garra tut.
       Tant ert certe ki ren ne dut.

       Medcines en trois ci plusors
736   Que n'unt mie tuz vavasors.   [f.72vb]
       Ore en oiez une medcine:
       D'andre e de rafne ait la racine,
       Laver les dait ben e tribler,
740   Od bure dë [c]hevre solder.
       Mais li bure sait ben esquoiz
       E hors sait trais jors e trais noiz,
       Par un net drap l'ait einz colé.
744   Paisse l'en, si avra santé.
       O[r] medcine si ses oisels
       D'uint de cheval trais mursals
       Frais seit e de paivre poldré,
748   El bec l'en ait mis e boté.
       Le bec tant tenge lungement
       Que ben seit enz le ungement.

728.   MS *E faire.*
729.   MS *Uelement.*
732.   MS *cuuire.*
736.   MS *nen unt.*
742.   MS *trais noiz.*
745.   MS *medicint.* See Adelard 8 'Si accipiter reuma patiatur,
         equum pinguem domesticum vel silvestrem interfice, et
         de lumbis adhuc calidis tres morsellos accipe, singulis-
         que morsellis pulverem duorum granorum piperis
         impone et sic ei prebebis preparatum ...'

U si ço ert uint de taisun,
752   Altresi l'e[n] refesist l'un:
U tost par ço le rendrait sain
U il murrat einz le demain.
    Unë en trois forment verraie,
756   Mes al fairë orible e laie.
Prendre un veir farait e tarier
Qu'en lo veit mot curucer,
D'one part trencher es lez
760   Que tost li ventrails sait ostez.
Les boels nettement laver,
Sis deit en trais parz deviser
E poldre[r] de paivre molu.
764   Se dunc en est l'ostur poü,
E uns el bec si qu'enz aut,
Nule medcine plus i vaut.
    Cist mires altres nus redit,
768   Laver od eue l'emathite
Qu'en sait vermelle e espessete,
Lumbles d'on levre teve e mette.
Si de cele ad l'ostur usé,
772   Hastivement guarra del ré.

    D'altre manere enfertez trois
Que des funces garir lo pois.
Funces sunt, ço vai, dous tecches,
776   Une eüses, autres secches,
Mais al garir, ço dit auctor,
Est la secche la noualior.

752.   MS *r. len.*
753.   MS *renderait.*
761.   MS *boeles.*
773.   MS *enfermeez.*
775.   MS *De funces.*

A cest paivrë e arrement,
Sel, suie e sanc tot egalment,
Pomes dé bois escuis en vins,
Puis prenge dedenz les ꝯepins
E arest d'orge verinal.

GLOSSARY

The abbreviation DP indicates Daude de Pradas, *Dels auzels cassadors* (ed. A.H. Schutz) and 'Ad' *Adelard of Bath, Conversations with his nephew* ed. & transl. C. Burnett *et al.* (Cambridge, 1998) [para. numbers].

aas s. 176 ?lizard (cf. Engl. *ask*)
ache s. 120 smallage, wild celery
adeiser v.a. 295 to touch, be close to
agulles s.pl. 122 endoparasites, needle-worms
ail s. 708, 729 garlic
aloine s. 345 wormwood (Artemisia absinthium)
amblette s. 322 a plant, possibly spurge, euphorbia
andré s. 481 ?betony
aparmemes adv. 10 at once
avis(h)unkes adv. 70, 563 rarely

ba(i)er v.i. 90, 255, 471 to have difficulty with breathing
bodel s. 532 intestine, bowel
boldre v.i. 343 to boil
bu(i)re s. 324, 350, 516 butter

cele[d]oine s. 289 celandine
ceneçon s. 336 groundsel (Senecio vulgaris)
charner s. 397 food chest
chevril s. 137 kid
cigonceus s.pl. 402 cygnets
cleun s. 221 small nail
colevere s. 420 adder
comuner v.i. 15 to entertain relations with
collie s. 94 sanies, rheum
conplexiun s. 27 temperament

consolde s. ~ **menue** 553   comfrey, consound (Symphytum officinale)

criais a. 680 noisy, shrill

culrage s. 322 arsesmart, water-pepper

cus s. 75 ?concern, care

date s. 375 urine

decarpie p.p. 93 minced

descolurer v.i. 72 to lose colour, to pale

desnaturé a. 466 ailing, (bird) whose health has been disturbed

doleure s. 226 ?adze

dolne s. 322 unidentified plant cf. *doleroune* 'dandelion'

dotus a. 725 dangerous

dun s. 612 down

egre a. 252, 270 eager (to hunt, to take food)

egresse s. eagerness (for hunting, for food)

elle s. 430 island

emathite s. 768 haematite

empairer v.a. 236 to make worse, cause to deteriorate, lose value

engrotement s. 463 sickness

engrotez p.p. 625 afflicted by illness

engruter v.i. 698 to become ill

enmailluer v.a. 215 to swathe, wrap

entedvir v.i. 662 to become lukewarm

entrerus s. 157, 310 middle bark

escoller v.a. 167 to castrate

escomé p.p. 104 skimmed

escurre v.i. 184 to shake, tremble

esloissier v.a. 611 to dislocate

esmeltir v.i. 506 to defecate, eject droppings (mutes)

esmout s. 572 bird droppings

esorcé p.p. 732 ?

espair s. **tut mun** ~ 530 in my opinion

espuer v.i. 96 to spew

essai(e)mer v.a. 365, 373 to enseam, cleanse of superfluous fat (by dieting and casting)

estortre v.a. 637 to wring (out)

estrikesauve s. 480 see note

estuver v.a. 648 subject to a steam bath

faisil s. 151, 331 scoria, slag, scale

farait a. 757 wild, fierce

feiede s. 129 time, moment

felere s. 560, 585 a disease resembling jaundice (which does not occur in hawks) named from *fel* 'gall bladder'

fisike s. 6 medical treatise; (possibly) the art of medicine

flegme s. 114 phlegm

fontaine s. 454 spring water

freier, fraier v.a. 102, 643 to rub

freisnele s. 208 ?ground ash

fringe s. 655, 658 ?

funce s.pl. 774, 775 accipitrine disease caused by cold [Til., *Glan.* p.124]

funceus s.pl. 96 depths, bottom (cf. Engl. *founce*)

fusain s. 191 spindle-tree

fust s. **put f.** 202 stinking wood (cf.DP 3474 'un arbre que a nom puditz')

genest s. 157 broom

grebeche s. 542 'grumillum', gromwell (?)

hiere s. **terrestre** ~ 348 ground ivy (Glechoma hederacea)

hoe pr.sbj.3 of **oïr** 11 to hear

idropi a./s. 435 one suffering from dropsy

incia s. 109, 113 collection of phlegm

irais a. 50 angry

jou s. 197 wing joint (see TL 4,1814)

jubarbe s. 482, 729 houseleek (Sempervivum tectorum)

kaves-sorrit s. 691 bat

lai a. 756 ugly

limeüre de fer s. 145 iron filings

lumbles s.pl. 426 loins

mahaimer v.i. 271 to suffer harm, injury
maiol s. 121 pork [Til., *Glan.* p.167]
mauve s. 120 mallow
mechain s. 512 servant, keeper
medcinal s. 230, 274 book of accipitrine diseases
mirfoil s. 605 milfoil, yarrow (Achillea millefolium)
muer v.a. 29 to moult
mueisun s. 394, 402 moulting
murs s.pl. 54 habits
mursal s. 746 portion, piece
must s. 523 must
mustir v.i. 410 to ferment in liquid

naele s. 302 corncockle, darnel or nigella
noer s. 310 walnut tree
noualior a.comp. 778 worse

orillere s. 198 ear cavity (?)
os s. 62 use
ostricer s. 105,684, 712, 714 austringer, keeper of (short-winged)
    hawks esp. the goshawk
ostricerie s. 260, 689 art of keeping hawks

panteisier .v.i. 723 to pant, be short of breath
pepie s. 668 pip (coryza), a disease of the mouth
piper v.i. 670 to squeak
plume s. 251 see note
podour s. 713 ?
poil s. 182, 212 louse
polture s. 390 food, nourishment
pulmun s. 375, 378 lights (of animal)
pulsif a. 499 short-winded, having respiratory difficulties

quire v.a. 225 to cauterize
quisture. s. 587,596 apparently for 'costivure' (constipation), cf.
    'coustiure' in Til., *Glan.* p.56

rasler v.i. 472 to rattle

ravre s. 483, 730 horse-radish

ré s. 391, 722, 772 'rye', disease affecting head and throat of hawks [Til. *Glan.* p.217], usually a swelling of the head caused by lack of hot or fresh meat

rivaer. v.i. 364, 370, 387, 568 to hunt waterfowl

romaunz s. 2,7 (work written in) the vernacular language; 42 courteous reception (?)

rotrewenge s. 3 love-song (with refrain)

rue s. 120 rue

ruiccier v. 263 ?to rouse

rumpure s. 552, 562 rupture,break see note

salgeme s. 643 rock-salt

sarré s. 172 savory (Satureia hortensis)

savine s. 284 savin (Juniperus sabina)

seaer v.i. 141 to sit, stand, stay

segier v.i. 127 to dry

selve s. 139 wood

serpentine, herbe ~. s. 162 snakeweed (Polygonum bistorta L.) or dragon arum (Dracunculus vulgaris Schott)

seu s. 406 elder (Sambucus nigra)

sevil s. 138 hedge

sollier v.a. 195 ?

son s. **avoir s.** 259 to desire, to care to

surit[z] s.pl. ~ **russetes** fieldmice

sursané p.p. 562 scarred, cicatrized

teingne s. 270, 273, 275, 286, 291, 294, 295, 308, 328, 352, 355 scab; ectoparasite ('ringworm')

tesgue s. 256 'consumption', avian tuberculosis

tesg(u)er v.i. 90, 471 to be short of breath, have difficulty breathing

tirer v. 106, 476 to 'tire', to peck at meat ('tirings')

tisikus, tisicus a. 76, 98 consumptive

tisis s. 81, 85 consumption

tos s. 89, 726 cough

ver, veir s. 121,757 wild boar

vermulture s. 389 frass, wood-dust from worm-holes [Til., *Glan.* p. 273]

verveine s. 730 vervain (Verbena vulgaris)

vivificaciun s. 63 creation, bringing to life

waide s. 336 woad (Rubia tinctorum, Isatis tinctoria)

wastement s. 86 devastation

'LE MEDICINAL DES OISEUS'

The treatise is edited from Oxford, Bodleian Library, MS Digby 86, ff. 49r–62r, with variants recorded from A = London, B. L. MS Add. 46919, ff. 24v–36v, and C = Cambridge U. L. MS Ff.VI.13, ff. 74rb–78rb. The abbreviation DP indicates Daude de Pradas, *Dels auzels cassadors* (ed. A.H. Schutz).

[f.49r] *Ci comence le medicinal des oiseus*

> [*Cest liveres qui ensegne comment on doit gentiex oiseaus garder
> et norrir e afaitier e a coi on puet conoistre s'il est gentils et
> naturés. Aprés orrés la medicine de lor diverses maladies et
> comment on les puet garir et coi on puet conoistre quant li oiseaus
> est malades et quel mal il a. A Medicines verraies de garir
> falcons e osturs e esperviers e la maniere coment les conustre et
> coment les afeiterez* C]

[1][1] [*Le primere rubrike est comment on doit l'oisel prendre en son ni* A] Si
vous avez* en aucun luy ayre* de houstour ou de
esperver ou de autre oisel,* et vous quidez ou sachez de
veir ki nul houme seyt entour de vous embler cel ayre,
fetes les ben garder e sauvement dekes aprés les .ix.
jours ki eus seient esclos.* Pus gardez quel jour les
pyjouns seient esclos; de ilek a .ix. jours alez a l'ayre
matin,* si les pernez* o nues mains, e ceo tendrement,
deke al nevime jour i demuropunt,* kar devaunt cel jour
ne ount il mye perfeccioun de* sen ne reidour de
membre pur estre manié.* Pur ceo di jeo* par matin, kar
dunke l'em poet plus seurement manier* pur la gorge,
kar dunke est voide,* si ne fest pas chaut, ne li pere n'i
ert ne la mere, kar si veaunt eus les prendrez,* toust
vous blescerount e le ayre guerpiround.* A nues mains di
jeo, kar meins encombrousement les poet l'em prendre
saunz blesser.* Quant en cete manere les averez pris, si
les metez en un corbiloun ou en une kage,* si les portez
suef. Mes si vous les cremez prendre, par bosoing ne les
prendrez.* Al .vi. jour sis ayez* en un corbiloun plus
large del ni e seit forree de un pel de levre.

1.   Omitted in C. Cf. *Phisica Avium* [1] and [2].

saves A   * *aair* A * *ou d'aucun a. gentil oisel et il soient en lieu sospechenous* A   * *et vous q. ... esclos* om. A   * *vous deves garder en q.j.* A   * *et il ales al noefisme jor par matin* A   * *prendres soues* A   * *tenrement et por chou les prent on as .ix. jors* A   * *mye p. de* om. A   * *manoie* A   * *por chou dist li livres* A   * *manoier* A   * *qui voide est* A   * *preyses* A   * *blesseroient ... guerpiroient* A   * At the top of f. 25r of A a different hand has written *A nuwe mains di joe, car melz les porrez prendre saunz blesceure*   * *c. large ou en une caighe mult souef* A   * *et se vous avez paor c'on les vus emble* A   * *j. les poez aler seurement prendre et les metes* A

[2]² *Pur ben norir* [A *Ci aprés orrés coment on les doit norrir .ii.*] Des ore orrés coment les deverez norir. Querez checun jour vifs oyseus ou soriz, si les escorchez e detrenchez menu sur mies,* si li donez en une broche nient trop ague .iii. feze le jour e poy* ensemble,* kar si il ad feim en sa juvente, sa naturele vigour ly toudra, e de autre part ceo fest ki l'eskale estaint la penne* surdaunt ki apert quant il est ferms* sicum ele fust taillé de un coutel, e* si cele penne plie, dunke la depessez aneire.* De ceo vous gardez ki a nule feiz ne le* peisez de plusours viaundes* for de oyseus par sai ou de geline ou de motoun ou de quer de pork. E si de quise de geline ou de l'ele le* peisez, ben en oustez le [f.49v] braoun – ceo est dure char ke sist long le piz* – si li ne donez mie.* Nel peisez sour gorge. [A *Ci aprés orrés comment on les doit paistre et governer en la mue taunt qu'il soient formés .iii.*]. Quant toute la meité del blaunk dunt luy i ert chaette* e les groses pennes erent sourses as eles e en la coue, dunke les oustez* del corbilun, si les* metez en une ferme desi ki il sei[en]t ferm.* Ilek ens li frez deus perches* pres de tere, ke a luy ne cust l'enmeutir ne le descendre.* Si eiez ilek enz un hes* aukes long ke pussez trere ens e hors pres de tere.* Sur celuy* trenchez sa char

2.   Omitted in C.

par mosseus,* si li purrez de plus durs chars pestre en la ferme ki al corbiloun. Mes ne le* peisez pas sovent de eschenees* de motun, kar de ceo il devendra courb e countret.* E si vous le volez* fere toust ferm, peissez le sovent de palez* en la ferme. [A *Comment on doit faire la palee et comment on les doit paistre tout formé .iiii.*] Si frez le palez en cete manere. Pernez le oef de geline ou de ane,* si le quisez en brese tout dur, si en oustez e l'escale e la teye nettement. Pus le mincez menu, si le triblez* od la maunche de un coutel saunz nul asavurement.* Mes gardez ky ly vesseus ne seit de quivre ne de areim ne de latoun.* Pus i metez del freis bure la quarte part,* si le pestrisez ki il seit ben espés. Si bure faut, pernez douz let* ou ewe clere e freide, pus li offrez od tout le vessel. Si il deprimes ne le veust gouster,* pur ceo qui ne resemble char, ensaunglauntez le de saunc de un vif oysel, pus si li durez al seir ke il ne se aperceive, si le ayez tenu aukes familous* devaunt e en cel vessel le eiez dinné* devaunt* de un oysel detrenché* eynz jour.* Quant de l'oysel verrez ki les escales serount chaettes* des eles* e de la gorge e des autre groses pennes*, les bises escales ki lur charrount, la penne* sourdaunt, e quant la penne ert toute nette deke* a la char e ki le piz seit ben covert de net dum* par desuz* la plume e les eles autresi, dunc i ert il ferm [f.50r] de soun vol. Mes ki il* seit ben soffraunt de travail, si le lessez uncore .viii. jourz en la ferme pur estre le plus fort.* Aprés le affeitez seurement.

* une ais A * j. ou par .iiii. et pou A * e ne les faites pas trop juner A * e si gardes que les escailles ne li estraignent les pennes A * formes A * quar A * d. depiece ele son aair A * les A * chars A * les A * quar ceo est une dure char en la cuisse dehors et en la pointe de l'ele el chief ne de le grosse char A * si ne les paisies onkes ne ne disnes sur gorge * doü dein li sera cheue A * l'ostes A * le A * tant qu'il soit iluekes f. * Dedens li fetes .iii. p. A * que li monters ne li face male ne li descendre A * une ais A * mettre et oster.

A * *cele ais* A * *de menus morseaus* A * *les* A * *desclenele* A * *il devenroient tout corbes et tous contrais* A * *ne le voles* A * *palee* A * *Vous feres vostre palee d'oef de geline ou d'ouve* A * *trieules* A * *c. qui ne sente nule mauvaise odor* A **laiton* A * *p. d'un oef* A * *dou lart* A * *prendre* A * *fameilleus* A * *le disnes* A * *le jor d.* A * *dehechie* A * *e.j.* om. A * *chaiotes* A * *des e.* om. A * *p. de eles et les b.* A * *escailles que li cueverent penne* A * *truskes* A * *dun* A * *desor* A * *Et por ceo qu'il* A * *pur ... fort* om. A

[3][3] [A *Comment on doit afaitier et apeler cascun son gentil selonc sa nature .v.*] Quant le averez pris hors de mue ou de ferme belement, en ouscur [liu] acoustumeement le covent porter,* si ne li dourrez mie taunt a manger cum en la mue ou en la ferme.* E quant i ert* aukes privé, sil reclamez od une corde,* ke il ne eschapez,* si gardez ki vous le affeitez ben gras, mes a nule feze ne le reclamez plus de .iii. fez. A houstour dirrez: 'Ça ven ci, ci'; a faucoun: 'Hoyr, hoyr'.* A esperver od voustre bouche le confeterez* si il est niés,* mes si il est ramage ou guirfeins,* dounke le porterez toute nuit sour voustre poin ou od toreles* le croulerez* sur perche, ke il ne eit liu de dormir* deke outre prime. E dounke li offrez la char e si la veut, dounke li lerrez beker* deu fez ou treis. Pus sil reclamez e le portez sovent par matin e la releve[e]* e le seir e quant il ert privez, issi le affeitez.*

3.   C ff.77vb/78ra has an abbreviated version: A oustur reclamer dirrez 'Cha vien, cha vien, chis, chis'. Mes s'il n'est privé, veez ke vus eez une creaunce k'il ne vus eschape, mes en nule maniere ne le reclamez plus de treis feiz. A falcon e a esmerillon e a hobei dirrez 'Hoy, hoy'; a espervier de buche. Issi les afeiterez 's' il sunt niés, mes s'il sunt ramage u girfalc, donc le portez tute nuit sur poin u croulez sa perche k'il n'eit repos de dormir desque ultre prime. Idonc li offrez la char e s'il veolt la char, si le lessez esbescher .ii. feiz ou .iii. Pus sil reclamez e le portez suvent par matin et la relevee e le seir e issi le afeiterez.

* [Q]uant vostre oisel ert trahis hors de le mue ou hors de ferme il le
vos covient porter belement et sovent par oscurs lieus A * ou en la f.
om. A * Et quant vous quideres qu'il soit A * a une cordele A *
vos escape A * Hoi, hoi A * ensi l'afaities A * niais A * farouges
A * o.t. om. A * crolleres A * .i. toute nuit jusques o. p. A *
bekier A * et en la r. A * traineres A

[4] [A *De quels oiseaus on doit trainer oisel a l'afaitier .vi.*] Esperver
sor, ceo est [de] nature peranez,* e mouschet devez trainer
de aloue ou de praer.* Si il seit afebli de soun vol, tel oisel
li gettez* al chaunp delivre, nent en vile* ne en chaunp
bussinous ne prés de bois, ki il ne devenge vilotirs* ne
respostiliers*, ne entre blez,* kar esdevent* il ne
descendrat* pas as blez,* enz volerad* al plein, si
devendrad ravinirs.* [A] esperver* muer* trainerez de
cercele ou de mortun* ou de chawe* e autresi mouschet
muer.*

* [E]sprevier sor qui n'est mie soranes A c'est nient parane C *
praier A om. C * geteres devant et A a lent o. le g. C * ne mie pres
de vile A * vilotiers A ki il ... ravinirs om.C * repostallier A *
pres de A * que par aventure A * descenderoit A * blies A *
volerait A * raveniers A * A. e. muier A mue C * .i. morillon A
* une cauwe A chauwe C * Al m. muier * al m. m. A

[5] Oustour ou tercel* devez trainer de* oisel chaunpeitre,*
ceo est fru* ou cornail ou coloumb ramage, mes a l'ane
prendre trainez voustre oisel en cete manere: alez a une
estreite rivere, si metez* un houme od une ane sauvage ou
dammaiche desus la rive devers vous, pus si* vendrez le
pas lung la rive de l'oustour* e quant [f.50v] vendrez
endreit celuy, si huerez un petit e cil gettera la ane avaunt
en haut aver le autre rive* e vous jettrez le oustour.* Mes
ceo gardez ben quant trainerez vostre oysel* ki il un poy
seit dingnez* par matin pur estre le plus egre,* e quel*

oysel ki il coveiterad,* si li gettez. Mes gardez ke petit oysel ne luy moustrez ne trop ingnel.

> * *Mes a o. ou a t.* A * *de* om. A * *campestre* A * *frias* A *fryu* C
> * *faites .i. h. ester de l'autre part de la rive atout une aune salvage* A
> * *li* A * *riviere o tout l'ostoir* A * MS *la rive* * *et adonc geres_vostre
> o.* A * *Et gardes avant que vous le getes qu'il soit* A * *dignes* A *
> *legir* C * *e gardes q.* A * *c. premierement apres quant vos l'aures coe
> fait que vous le getes* A

[6] *A esperver enoiseler* [A *Coment on doit afaitier et enoiseler tus gentils oiseax .vii.*] A l'esperver enoyseler gardez ki il eit bon mes a la mauviz* ou a jevene perderiz; a mouschet, praer ou aloue* ou la fauve croire*; a oustour ou a tercel le fru* ou la cornaile* ou la mere* perdrice ou la petit[e] geline brune as pes veluz.* Aprés ceo ke voustre oysel seit ben enoiselé, as graunz oyseus le affeiterez e as ingneus.* Faucoun e meriloun e hobé afaiterez od lure* ou la char ert liee e au clamer* direz: 'Hoyr, hoyr, he, he, chis'*. E si toust cum li verrez voler* pres de vous, jetez la lure aukes long de vous. Faucoun trainez de fru* ou de cornaile* e si il est petit, de une chauue ou de un columb ou de ane ou de cercele.* Emeriloun trainez cum esperver sor, mes li hobeus sout estre* raviners par nature, pur ceo li eyez* ambesdeus les talouns recoupez* des orteus derere* en sa juvente e veez ki il seit seins devaunt le travail* e ceo luy toudraz le ravinir.*

> * *en. dones li quaille ou malvis* A   * *dones praiere ou aloe* A *
> *cruiere* A this opening is replaced in C by *A l'espervier enoiseler
> querez la quaille ou la malvice ou la jeofne perdriz* frias* A *fryu* C *
> *cornille* C * *mere* om. A * *br. ... veluz* om. A *cupez* C * *si
> l'acostumeres as plus isneaus* A * *loirre* A * *reclamer* A *al recleim* C
> * *hoi, hoi* AC * *avoler* A * *frias* A *fryu* C * *cornille* C * *p. donc le
> traineres de cane ou de colon ou de c.* A *columb ou de mortin ou de
> tercel* C * *et si li h. est* A * *se li copes* A * *t. pres des o.* A * *derere*

to end om. A *derere* om. C **devant ke le treynerez* C * *le r.* om.
C

[7][4] *Pur merilun afeiter.* A fere meriloun bon munteour* une
forte alowe querez nent courte ne a la braunde,* cele
cilerez d'esperver,* si la jetez en haut e pus le meriloun, e
il le ateindra toust, kar ele ne set ou fuer.* A l'autre fez le
tendrez plus longement, ke ele seit aukes assoumee,* e la
terce feze plus dunke mountera as autres par taunt.* [A
*Coment on doit geter son oisel a tous oiceaus campestres et de rivere
.viii.*] A touz oiseus chaunpeitres* jetez vostre oysel
countre le vent, for soulement a* pluver en covert le jetez
e prés de tere e od le vent. A touz oyseus de rivere* quant
vous jeterez vostre [f.51r] oysel, vous le avalerez,* ki li
venz le suprenge* e le port en autre rive. Dunc si le prent,
si purrad seer en sec.* Mes si vous trovez oysel de rivere
loins de ewe cum a sourse* de funtaine, dounke le jetez
encountre le vent.*

* MS *meruteour, ben montant* A *monter* C * *nent ... braunde* om.
A *c. ne brunde* C * *si le cieillies come e.* A *espervier* om. C * *ferir*
A *fuir* C * *tant que l'aloe soit plus eslongie* A *deci k'ele seit alkes
esloignee* C * *se montera plus voluntiers as autres* A * *campestres* A
* A continues *al plovier et al hovestre si le getes en prive lieu et
encontre et pres de la t.* * written as a red rubric in A * *Quant ...
avalerez* om. and replaced by *[M]etes vostre oisel aval le vent* A

4.   Some of the material from DP is here jumbled at the
        beginning. Cf. Schutz's summary of DP XXXIII 'To fly a
        merlin, tie a thread or thin string to a *fully feathered* [cf.
        assoumee] lark. Throw the lark up and let someone else throw
        after it the merlin. The lark will soon descend. Hide it for a
        moment [cf. *cele cilerez d[e l']esperver*], then cast it again. It will
        again descend through fear and the string on its foot. When
        you cast it again, do so without the string. It will mount,
        pursued by the merlin. If then the merlin conquers, it will
        climb better next time it is cast off.'

getez vostre oisel aval le vent C * MS *ne le suprenge* * *Et s'il prent sa proie li porra aseoir de l'autre part a sech* A * *sort* A * *vent et al hairon et a le gante et aloue bise* A

[8] [A *A coi on puet conoistre ostoir s'il est gentis et naturés .xxix.*] Si vous volez oustour naturel conustre,* gardez ki il eit couste façun, dunke est il naturel:* e veez si il ad la couue ben coluré, ceo est ben ajaunie, long entreoyl,* longe teste e plate cum egle, les oylz foreins e ouelement granz, le col* gent, le piz gros, les eles courtes e fourchees,* la couue ben cloaunt, les dehayz ben cloauns al cors,* la jaunbe courte e grose, le pé graunt e treitiz e ben overt, e nint longe sengle, la penne ben gisaunte, la chere bele, les empenouns* ben juinaunt as eles. Si oustour ou tercel* tel seit, si est naturel.

> * *[Pur] savoir se ostoir est bons et natures* A * *gardes s'il a cheste fachon en soi il a le keue ben encoloree* A *gardez ke il teste tele cum falcon* C * *luent entroeill* A om. C * *cors* A *le col ... gros* om. C * *la penne ben fronchie* A *la penne* followed by a blank in C * *les eles bien cloauntes al cors* C * *espenons* A *enpeignuns* C * *faucons* A *t. ad teste cum falcon* C

[9] Si est faucoun, gardez si il ad jaunbe longe e si devereit il estre plus feble,* e par longe jaunbe poez ver* si il est heyrouner.* Si il ad jaunbe courte, dounke est il plus fort a ferir e a tenir sa preie,* mais pir est si il devent faillaunt ki si il ad longe jaunbe,* e autresi de tercel.

> * *Et si il a sa jambe longhe par aventure il en est plus febles* A *S'il ad lunge jaumbe il est le plus fieble* C both following [9] without a break * *savoir qu'il* A * *moriner* C * *il est plus fermes a tenir sa proie* A *si serra le plus fort par reison pur fermement tenir* C * *mes par aventure il en est plus faillans que cil a la longue jambe* A *mes plus est faillant ke celi ke ad l. j.* C

[**10**]⁵ *Pur esperver conustre* [A *Comment [on] puet conoistre esprever gentil et naturel .xxx.*] Si vous volez esperver conustre si il est naturel,* gardez k'yl eyt couste façoun:* petite teste, oyls foreins e vivauns,* le cors grosset, blaunk pé e ouvert, le[e] la jaunbe,* ague mustel, brael maillé, dunke est il terceler* de sorage.* Si veez si il ad en la jaunbe defors une reye ben plumuse* long la jaunbe* e si il ad une croiz en la meyne jointe de la sengle del pé destre, ceo est ke les echerdes* se desferrount en croiz,* kar dunke est il cher en sorage.* E veez ke les eles joinount en croiz* ausi cum ameriloun, dounke est il mountaunt e bon.* Mes si autrement,* dounke est sowlement raundonaunt. Si de tele façun* est,* dounke est il naturel. Esperver ki .xiii. pennes ad en la cowe [f.51v] si pase les autres par ingnelesse.* Esperver ki longe cowe ad sovent devent couuard, mes plus est ingnel ki celui od courte couue.* Autresi de mouschet. Si voustre oysel ad ben le dos roset* e eyt la maele grose e il seyt mout petit, dounke est il de jevenes eyres.* Si il est ben grant e eyt le dos ben gris ou neyr*, dounke est il de veus eyres.* Si il ad les pez blauncz e les oylz, dounke est il nyés. Oustour nioys* sout aver les pez e les oylz plus blauncz ki esperver.* Oysel ramage* sout aver les pez e les oylz meins blauncz. E wirfains* les sout aver ben jaune. Icel* i ad vermail.

> **si ... naturel* om. A * MS *faucoun ceste fachon* A *feiture* C * *vivante chiere* A * *b. p. curte jaumbe* C * *cerceletes* A *de sor eir* C * *roie ben plumaise* A *bloyuse* C * *du lonc de la j.* A * *d. celes escherdes* A * *descuevrent en .iii.* A * *ad[u]nc est il avers de sorage* A *long ... sorage* om. C * *li vienent en croissant* A *li vunt trossauntes* C * *m. e oisiers bons* A *esterciers bon* C

5.   Part is omitted in C, where this section begins the treatise (f.74rb).

* *a. joignoit* A   *a. joynauntes* C   * *se il est de cele fachon comme*
jo ai dit A *de tele feiture* C   * *isneleté* A *igneresce* C   * *ki ...*
couue om. A.   * *rus* C [C begins here] The passage *Si*
voustre to the end appears in A f.30v as part of [**13**] and
numbered *.xxxii.* In C it is the first section of the work
(f.74rb) * *a airans* A   *eir* C   * *nius* A *fauf* C   * *airans* A   *
o._ramage C   * *nies o. r.* C   * *gyrfaus* A *girfalc* C   *Tels i a* A
Tel i ad C

[**11**] Si voustre oysel ad la maele* russette, dunke est il esclos
en pomer ou en aune ou en espine. Si blaunche le eyt,
dounke fu il esclos en bul* ou en trembler ou en coudre.*
Si il est chanevaz, ceo est nent ben rosaz* ne ben blauncs,
dounke fu il esclos en* chene. Sachez ki oysel nieys ne set
pas si ben conustre* soun oysel hardiz cum li wirfains,*
mes li nieys sout estre plus hardiz e ceo avent de la seurté
ky il ad de celuy ky le jettez.*

* *maille* C   * *bool* A   * *caurre* A *codre* C   * *russet* C   * *sus* C
* *ne set si bien prendre son oisel comme li vieus fait, mais li niais*
A   *nient si bien prendre s. o. cum seit le ramage, mes* C   * *avent*
de ceo ke l'en les get de surse C

[**12**] *Pur faucoun conustre* [A *Comment on puet conoistre naturel faucon*
et esmerillon .xxxi.] Si vous volez conustre naturel
faucoun,* gardez si il ad petite teiste, oil forrein, piz*
grosset, longe couue, pé aukes biset. E faucoun lanier ad
grose teiste,* courte couue, le pé forment biset.* Si
esmeriloun volez conustre, de meime la manere [est] ki
faucoun, mes ki les eles* ad blauncs,* kar jecun oysel ki
ad* plus jaune le pé, taunt est il plus ravenirs* par nature.
Des faucouns e des merilouns* sount les femeles plus
grans ki les males e meuz volauns* e sunt apelez*

formeus* les femeles. Les males terceus si sount menour cum touz oyseaus ki de char vivent purement.*

> * *fachon* A   *naturel* om. C   * *piz* C   *Li laniers est li faucons vilains et il a g.t.* A   * *E faucoun ... biset* om. C   * *piez* C * *k. blanc ait le pié* A   * *o. comme pluz a gaune le p.* A   * *raveniers* A * *d'esprevers* A * *e plus valent* C   * *ap. formeus et les males terceles et si sunt meneurs* A   MS *sur touz   furmeals* C   * *v. par preie* C

[**13**]⁶ [A *Queles sunt les parties des oiseax e ou eles sunt par coi nos ensegnames a conoistre .xxxii.*] Desoremés verrez queles sount les parties e ou eles sunt as oyseus, par quel vous enseinames a conustre les, e les nouns autresi verrez des pennes.* La *cirree,** ceo est le jaune ki est en oysel par desuz de bek. Li *entroyl,* ceo est cele partie itaunt cum ad entre le dur bek e le oyl. [Li] *surcil,* ceos sunt celes rengees ke il ount desuz le oyl de memes la plume. Li *colres,** ceo est une groyssur reyé* ky li vet de long le surcil* deske a l'autre part desuz le haterel. Li *apens,* ces sunt les .iii. pennes en oysel* haut as eles devaunt le pleit* des eles. Li *saiseus,** ceo est la premerraine penne des dreites pennes des eles.* Li *cutels,** ces sunt les .vi. plus longes pennes des eles aprés le cessel.* Li *vauns,** ces sount celes courtes pennes ki coeverount tote l'ele quant est overte.* Li *dehayz,** ces sunt unes plus courtes pennes en l'ele plus procheines del cors, si perent gysir* long le dos quant il close* les eles. Li *cuvercle,** ces sunt deus maynes pennes* de la cowe dount le un kevre le autre a la feze.* Li *procint,** ceo est la penne* desuz la couue dount i[l] comense a proindre* e sulunc asquanz de iloek treit il une uinture* dount il se uint a proindre.* Ly *brayol,** ceo est une cisurette* de plume

6.   Not in C.

blaunche aval le fundement desouz la cowe. La *cengle,** ceo
est li maens des orteus al pé* devaunt. Li *taluns* [est li
orteus deriere A]. [Li *maille* A] ceo est la tecche ki li reye le
pé* en le ventre.

> * opening sentence om. A * *chire* A * *entrueil* A * *La
> colors* A * *grosse roie* A * *de l'un sorchil a l'autre* A * *Li
> enpenon ceo sunt celes .iii. poies qui sont a l'oisel* A * *ploi* A *
> MS *saisefius Li seaus* A * *de l'eile enpres le seel* A * *Li coute*
> A * *longes ... cessel* om. A * *La tans* A * *iointe* A * *dehait*
> A   * *si peirs qui les gisent* A * *clot* A * *Les covercles* A *
> *cheles moienes .ii. p.* A * *k. le keue a la fie et l'autre a la fie* A
> * *portant* A * *uetuete* A * *porcaindre* A * *l'ointure* A * *s'en
> oint a porcaindre* A * *braieus* A * *utuffete* (?) A * *celigle* A
> * *moiels devant des orteus ou pie* A * *le pis* A

[14] [A *D'oisel coart comment on le puet enhardir .ix.*] Si voustre
oysel est couward*, pernez la tendre char de vache ou de
oysun ou de pusin, si la metez en urine, si i sise* de noune
dekes a la relevee, dounke estreinez le hors la urine,* si
enpeisez vostre oysel* e l'endemain donez* li launge de
pork ben parree* a manger e al seir le getez, si ne
refuserad nul oysel ki par nature deive prendre. [A
*Comment on doit oisel (des) descarner de sa proie quant il le tient
trop .x.*] Si vostre oysel est fel a desescharner* quant il ad
sa preie, coverez voustre* [f.52v] oysel de voustre
mauntel* e sur le mauntel* dehors un oysel ou un reclaim
ly moustrez. Si par taunt ne le poez desescharner,*
enhausez voustre poinz vers sa gorge,* si ly enpoingnez*
swef le col, si guerpirad sun oysel, kar si par force le
desescharnez,* toust li purrad* acuns des orteus* tortre
ou escharner.*

> * *c. devenuz* C * *et li laissies gesir* A *si gise* C * *d... urine* om.
> C * *o. de cele char* A * *le paissies du disner d'une l.* A * *parce*

*A * descarner A descharner C * li soe A sun C * robe A
gyrun C * girun C * descarner A oster ne descharner C *
haucies li vostre main en la gargate A enhaucez v. main v. s. g.
C * espoignez C * et vous par force le descarnes A * porries A
purrez C * .i. orteil A orties C * tordre ou escorner A escrever
C*

[15][7] [A *Comment on doit oisel ravernier entreduire et aprauser .xi.*] Si
voustre oysel est ravenir*, jetez le as grauns oyseus ki il ne
les puise porter loinz* e quant il les averad pris, si
l'amonestez de manger, si li lessez convenir*. Quant il [l']
averad longement defoulé e deplumé,* dunke li metez la
main entre les jaunbes sur la preye, ki il ne vous eschapez[8]
od tout. Pus sil peysez ilek a tere, e quant il ert issi puz,
pernez le suz* voustre poyn, si ne le jetez mes cel jour. Si
fetes issi .iii. fez* ou .iiii. Si il ne vous veut atendre par
taunt quant vous li volez ceo fere,* le jour ki vous le
voderez jeter* fetes un cumpaynoun un autretel oysel
porter oveke* vous e quant* il avera sa preie prise e ert
decenduz, fetes voustre cumpainoun prendre* od le soen
e tenir le soen outre luy*, si remeindra le voustre sur sa
preie pur pour del sen.* [A *Se vostre oisel est febles, comment
vus le ferés plus fort et comment il vus camera amiablement .xii.*] Si
vous avez oysel ke seyt trop feble, de muisuns e des autres
oyseus* le peisez e de soriz* e de male chat* e de char de
chevre e de coloumbs.*

*   * r. quant il a prise sa proie A * loinz om. C * covenir A si
le lessez lungement par sei a convenir C * d. desuz ses piez e d.
dunc le amonestez a manger e li m. C * sor A * jors A jurs C*

7.   In C the last section follows [17].

8.   *Ez* for *et*, as sometimes occurs in Anglo-Norman. See also
[18], [20],

q. v. li aures coe fait A *p. t. ... fere* om. C * *ke ... jeter* om.
A * *comme* A * *q. vous l'aures gete e il* A * C skips to *f. de*
vos compaignons tenir un son oisel desus le vostre tut a chival si
remeindra le vostre pur dute del suen (rest om.) * MS *poyndre*
* *t. pardesus lui* A * *p.p. de l'autre* A * *a. menus o.* A *des*
menus o. C * *s. escorchiez* A * *de marle char de porc* A   *de*
maule chat (rest om.) C * *e d.col.* om. A

[16] *Pur la couz plié* [A *De ele d'oisel ou de keue** quant ele ploie,*
comment on le puet redrecier et enroidir .xiii.] Si voustre oysel ad
la couz plié,* ou la penne,* pernez .ii. poz* ou autres
parfounz vesseus: le un vessel emplez de ewe chaude e le
autre de freide. Pus pernez voustre oysel entre* vos mains
belement devers le dos e les pez liez de sa loine,* pus li
temprez la penne* plié en ewe chaude e pus en la freide.
Issi facez .iii. fez ou .iiii.* Pus luy metez al chaut solayle
pur assecchir* en privé liu e seit ilekes ben gardé si vus
volez ki oisel vus eime.*

* heue * *ou lele* A * om. A *ou altre p. pliee* C * *pocinez* C
* *outre* A * *longue* A om. C * *sa keue* A * *ou .iiii.* om. AC
* *al ch. ... ass.* om. A *m. al s. en p. l.* C * *e seit ...eime* om.
AC

[17] [f.53r] *Si vous volez ki voustre oysel vous eime,
amablement le maniez e sa char ben poudrez de poudre
de kanele ou de licoriz.* Ou vous le moylez en goute* de
mel. Cele poudre ou cele goute de mel ayez en une boyste
vermaile* e toute feze cum vous li durrez a manger,
veaunt luy la poudre ov le mel i metez sur la char. Sachez
ki quant il ert aparceu* ki la doussour de cele boyste luy
est donee, ja de si haut, la boiste ne ly moustrez, ky il ne
vous venge maintenaunt al poin.*

* In A this follows [15] without a break, beginning with *amiablement* * *ricolice* A * ҙoutetes A * *v. pur estre conissable* AC * *aperceus que ceo d. li sera venue de chele boiste, ja de si haut ne de si loing ne li moi [sic] ne li mosterres cele boiste qu'il ne viegne aseoir sor vostre poing* A * *seer sus v.p.* C

[**18**] [A *Comment on doit rafaitier oisel qui guerpist trop tost sa proie .xiiii.*] Si voustre oysel guerpit* tote sa preie ou il la jettez* ou il la resiez* a tere, querez un feble oysel,* si le jettez a celuy pur ceo ky il le puisez prendre* e ben ateindre. As febles oyseus sil jetez .iii. fez ou .iiii., pus si volerad a plus fort pur esperaunce des febles.* [A *De oisel fuitis qui veut essorer communement ou sen doit aidier* [corr. *comment on l'en doit aidier*] *.xv.**] E si il se enfuyt quant il faut al prendre,* pur ceo ki il seit trop gras e trop farsiz, si vous volez de ceo enseurir,* bainés le en ewe freide,* sil metez al solail en abry ou il se puisez espulcher e proindre,* e quant il ert sec seurement,* le jetez, mes ki devaunt le seir ne le jettez, kar n'est guers nul oisel feble ki ne se veillez ensorir* entour oure de noune. E si il par aventure se ensore*, querez le dunke là endreit ou vous le verrez* aler, ou a ewe ou a funtaine, e si il est de l'ewe turnez eins ki vous vengez, al plus prechein arbre* le querez, si ceo soyt en gardin ou en bois.

* *g. trop tost* A *guerpe tost* C * *ta p. ou son oisel ou il ert getes* A *sun oisel ou il est gette* C * *sa siet* A *il resiet* C * *f. o. se vos le poes trover* A * after *prendre* C continues *issi le servez treis foiz e pus a plus fort volera dune le mielz pur l'esperaunce del fieble* * *Ensi le getes par .iii. fois et plus al plus fort et il volera voluntiers por le sperance des febles* A * a new para. begins in C * *[S]e vostre oisel sert d'aseoir quant il faut d'oisel ou il est getes* A *[S]i vostre oisel vus sert de fuir kant falt de la preie ou il gette* C * *si ... enseurir* om. C * *gras ou por ceo qu'il se*

> *veut esorer sil ce voloit essorer, baignies en eue froide* A   *
> *espulicher en poudre* A *espeliter e puroindre* C * *est baigne*
> *hardiement* C * *ne se voille essorer* A *ne se voille assorer* C *
> *s'essoroit* A *assore* C * *veistes aler* C * *arbre ke vus verrez de*
> *bois ou de gardin* C

[19] [A *Oisel volant et non volant, comment on les doit paistre .xvi.*]
Oysel volaunt ne deyt l'em peistre le jour fors une fez,*
ceo est puis ki il avera volé, e si il ne deyt le jour voler, a
noune* le peysez ou entre terce e midi.* Oysel nun
volaunt* deus fez cum en esté devaunt prime le dingnerez
e la relevee le peistrez, [f.53v] mes meins* ly durrez al
diner ki al peitre. Oysel volaunt e non volaunt ouelement
le peystrez, mes si il deit matin voler, ne ly dingnez pas
devaunt le vol, ne* le peysez devaunt le vespre si il deit la
relevee voler.

> * p. *en iver que une fois le jor* A p. *jur de yvern* C * *n. ou a*
> *miedi* A   * *ou ... midi* om. A *entre none e tierce* C   * MS
> *valaunt miex* A * *ne ne* AC

[20] [A *Por savoir quant li oiseax est malades et quel plumé on doit*
doner cascun oisel *.xxi.*] Plumee a oustour ou a tercel* issi
frez:* pernez le quir del col de une geline ou de columb
pres de la teiste, issi ki toute la plume* i seyt, si en fetes
.iii. pelotes cum .iii. noiz, si seient ben longes* e tornez le
quir dehors e la plume deeinz tout saunz lieure de fil.* Pus
si les metez entre vos deis, si ke ens ne se devolupent.
Primes moillerez checune pelote en saunc, si li durrez pus
aneyre.* Aprés le peysterez de bone char, si le asserrez en
un privé luy sur une perche.* L'endemain si querrez la
plumee desouz sa perche.* Si vous ne la trovez, pernez le
sour vostre poyn,* si le tenez deke il jette la plumee, e si il
la jette glettouse, dounke est il de grant mal delivre, e si il

la jette secche, donke ne ad il guers de mal. Donke le peysez de char de vel chaut* ou de vifs oyseus* ou de sorices escorchies, mes gardez ki la tere soyt checune nuit ben assuee e ben nette fete par desouz la perche ou voustre oysel soyt assis, si k'[il] pussez la plumee trover e l'esmeutiz regarder.* Plumee a mouschet ou a esperver ou a meriloun* de la teiste de un oisel frez ou de une sorice,* si l'atornez de meimes la manere avaunt dite, mes n'i averat fors une pelote.

> * MS *oilel* * *[S]e vos doutes que vos oiseaus soit malades* A * *o. e a falcon* C * *plumee* C * *beslongnes* A * *tut facez lier de fil* C * *a manger e puis aneire* C * *sur u. p. en p.l. hors de noise et ramones l'aire desous lui* A *hors de noise si balez le eir desuz li* C * *d. sa p.* om. A * *p. et gardes qu'il ne gete fors la plume que vos ne le vees* A * *de vielle geline chaude* A *de vielle geline* C * *viel oisel* A * *mes g. ... regarder* om. AC * *hobe* A *ou a esmerillon ou a hobei* C * *ou de la pel de suriz* C

[21] *Pur penne freite par torsseure* [A *Comment on doit redrecier penne de oisel qui est ploié par estorture .xxii.*] Si voustre oisel ad la penne freite (pres) par torsseure, issi l'en agulinez:* pernez le oysel, si le couchez swef envers.* si li liez les pez. Pus si pernez un fort fil, si liez la penne torse* desuz la pesseure* devers le cors.* Si pernez une aguille nent trop grosse, si la boutez en la penne desuz anere,* [f.54r] taunt de l'une parte* cum de l'autre, desuz la lieure devers la fendeure,* dounke si oustez le fil, si i ert la penne ilek ben tenaunte.

> *aguilleres* A *aguillez* C * *si le tornes m. souef* A *envers vus* C * *forte* A *freite ou torte* C * *l'enpennure* C * *le ventre* C * *d.anere* om. A *d. la plume devers la freiture de la penne* C * *part le pecheure* A **desuz ... fendeure* om. C

[22] *Pur la cowe depessé* [A *Comment on doit enter* penne d'oisel ou keue depechie et quel penne il afiert a cascun oisel .xxiii.*]. Si voustre oysel ad la cowe depessé ou le autre vol, issi le enterez.* Deprimes li coupez les pennes freystes a meimes del tuel sur une teinue fusil* e pus si le boutez encountre val les pennes as tuaus ki vous voderez enter,* si ki tout le tuel entre deens le tuel de l'oysel, mes [avant] le temprez en ewe teve e pur ceo lierez le tuel un poy laschement de un fil delié* de seie double. Pus boterez un autre fil parmi le tuel de l'oysel e parmi la penne entee e ceo en .ii. luiz* del tuel. Pus voluprez le fil .iii. fez ou .iiii.* e[n]tour le tuel entre les deus pertuz e fer[m]ement l'esnuez. Mes a oustour enterez penne de oustour ou de tercel ou de busart;* a esperver d'esperver, mes, par bosoingne, de mouschet ou de tercel(e)* ou de columb; a mouschet penne de mouschet ou de meriloun; a merriloun de merriloun ou de hobé;* a faucoun de faucoun ou de busard.*

> * *entre* A   * *atirez* C   * *fuisel tenue* A *fiscel tenue* C   * *et contreval le trenceres* A   * *entre* A   * *lieus* A   * *ou .iiii.* om. C   * *ou ... bus.* om. A   * *cresele ou de frion ou* A   * *h. et a ostoir ou de terchuel ou de huisart* [sic] *a terchues de baucu* [corr. *faucu[n]* ?], *a faucun de buisart* A   *mes en ostur entez penne de ostur e en espervir penne de espervir* C

[23] [A *Comment on doit aidier oisel qui est devenus cours de voler .xxiiii.*] Si voustre oysel est devenu court* par us* de voler, treez les trunchouns del cors, si pernez greins de orge ou de seggle,* sis moyllez en miel,* sis metez es fossez.* Par ceo frez ki la char ne purrad forsclore ne resaner* devaunt la penne sourdaunte. Entretaunt le metez en mue, de palé* le peisterez sovent ki* i ert peist(ust)rie* od le jus de maur grein de siu.* En cel*

moillerez la char dount vous le peistrez e de la char de
bukerel e de oysel le peisez.* Si li poindra la penne au
meins dedeins la qui[n]seine.

> * *cuard* C * *par us* om. A * *soigle* A * MS *mies* * *ne*
> *forclose e_reseine d.* C * *f. et le faites forclore en prive lieu et hors*
> *de noise jusqua donc que le penne soit sordante* A * * *palee* A
> * *s. qui ait este pestrie* A * *ki ... peistrez* om. C * *o le menre*
> *graine de seu* A * *et en cel jus* A * *m. sa char de chevroel et*
> *d'oiseles se li croisteront les pennes dedens la quinsine* A

[**24**] [A *Comment on puet ravoir son oisel quant on ne l'a pas doné*
volunters .xxv.] Si vous avez oysel ki vous hayez a doner e
vous le dounez,* si le volez aver arere, issi l'atournez
[f.54v] einz ki vous le donez:* Pernez une agule courte* e
delié, si la botez parmi le purcint de long le crupoun,* ceo
est une veruete* ke est desuz la cowe, si lessez l'aguille
remeindre,* k'altaunt cum ele i serra ne avera talaunt de
voler e quant ele i ert trete, si volerad volunters.*

> * *[S]e vos [avez oysel] que vos ne voles pas doner et alcuns le vos*
> *rueve a qui vos ne l'oses escondire se vos le voles ravoir, p. une a.*
> A ** *d. a enviz* C *si ... donez* om. C * *torte* C * *le pursain*
> *desus le crepon* A *la purointe dejuste le crepun* C * *un nerf* C *
> *si laisses iluec l'aguille mes gardes que ele ne soit ploie as .ii. cors*
> *si qu'ele n'en puist issir e tant* A * *alsi volentiers ou plus com il*
> *fist onques* A

[**25**] [A *Comment on puet .i. oisel desconoistre .xxvi.*] Si vous volez
autry oysel deguiser,* si il est de blaunche maille ou
blauncs muers,* moillez tout le ventre et le brayol e l'autre
blaunche plume en leyssive de alne,* si devendrad tut
russaz ou chanevaz.*

> * *.i. oisel desconoistre* A *que vostre oisel devienge sors s'il est*
> *blancs* C * *muiers* A * *d'asne* A * *rouseaus ou chanevas* A

AC add *et quant vos voldres (vulez C) qu'il reviegne en sa blanchor, lavés le d'aigue teive*

[26] [A *Comment on puet son oisel garder de froit des piés sans perche forer .xxvii.*] Si vous volez garder oysel de freit as pez,* furrez sa perche* ben de bon drap. E la perche seit* de chaude nature,* ceo est de mole nature* cum est alne, trembler, teil,* sauz, fresne, bul,* coudre.* De freyde nature sount* huys, buys, espine, chene, pruner.*

> * *g. sein de piez* C * *sans perche forrer, faites li perche de fust de chaude nature* A *sa perche facet furer, sa perche facez de fust de ch. n.* C *b. ... seit* om. A * *ceo ... nature* om. A * *comme d'ausne ou de tramble ou de till* A *teil* om. C * *ou de saus ou de fraine ou de de bohol* A * *ou de caurre* A * MS *s. cum est s. cil que je vos nomerai* A *s. ke sunt de dure nature cum* C * *hous, if, bus, chaisne, pommer, espine* A C adds *perer, chire*

[27][9] [A *Comment on doit reprendre son oisel quant il ne veut revenir ne atendre .xxxvi.*] Si voustre oysel vous eschape e il ne vous sefre a prendre, pernez* la char vermaille, si la liez a une verge, si la metez a tere ki il la veye. Pus si vous mussiez* loins de luy e brochez la verge ferm en la tere. Quant cele char verrad, tauntoust descendrad, si se lyerad, puis si le purrez prendre, si cointement le facez e en bele manere.

> * *et il ne sueffre que vous li prendes en covert e a main gantee et en cropant l'aproceres si le prenderes al reclaim ou a .i. sacon et se il partant ne vos sueffre a aprochier si prendres de la ch.* A * *en ires loing de lui quant il si sera lies si le porres prendre* A (end)

---

9.   This section is not in C.

[PART TWO]

[**28**] Ore* avez oy la manere de affeyter e del garder e de conustre oysel. Ore orrez des enfermetez e des medicines par quey il garrunt, si il malades sunt.

> * C f.74va followed by [38] *Ore aves oi coment on doit les gentiex oiseaus norrir et affaitier et conoistre li quel oisel sunt naturel et li quel non. Ore orres lor medicines solonc lor diverses maladies et par coi on conoist quant il sont malade et quels mals, ceo est premierement d'oisel qui sostient sa char comment on li doit aidier .xxxvii.* A

[**29**] [A *Comment on doit son oisel rehaitier ki mangue malvaisement .xvii.*] Si voustre oysel ne mangue pru,* pernez le sauge, si en fetes poudre, si li freez* sun paleys e sa launge. Pus si le sufflez en les nariles de meimes la poudre. Ceo li fetes .iii. jours. Entretaunt le peisez des menuz oyseus* e des chaudes cum de mussun.*

> * *o. m. malvaisement* A * *frotez* A * *m. o. et nule fois ne len dones son saoul* A *m. o. e mie saulee* C * *e ... mussun* om. C

[**30**] [A *Comment on doit son oisel garder por sain tenir .xviii.*] Si vous volez oysel sein tenir, ne le jettez pas a trop fort oysel, ki il ne se rounpe,* si le peysez de ses natureles viaundes, si li fetes [f.55r] une viaunde issi: pernez le eble* e l'aluy[n]e* e la rue e la malve e le cerfoyl tout a une mesure e del rosemarin meins ki de l'autre e une partie de l'oynt de un mayol* ki ne manjast* ounkes de glan.* Cel oynt triblez ben od celes erbes. Pus sil quisez en vin,* si le colez parmi un drap,* si le lessez refreider, si le metez en une boiste. De ceo li donez checun jour taunt cum une noiz de

coudre* od sa char. Si n'i entrad* ja nul mal deeins soun
cors.*

> * *et sil estoit rompus* A * *une herbe c'on apele ieble* A *de l'ache*
> A * *un petit d'oint de porc marle* A *un poi de porc* C * *gosta*
> A * *glant* A *glayn* C * *q. ben si* A * *net drap* A * *caurre* A
> * *Ensi ne naistra jamais mals en lui* A * *ne recevera* C

[31] *Derechef pur sein tenir e de vivaunte chere* [A *Por tenir son oisel*
sain et de vivante chiere .xix.]* Pernez le oef de geline, si le
depeisez, si le batez ben. Pus sil quisez en bree de freiche
char de vache* ou de motoun. Icel* tout si quit li durrez*
a manger, si le eyez ens ensaunglaunté* de un vif oysel* e
de douz let. Aprés ceo fetes jecune uteine* .ii. fez ou .iii.

> * C has red rubric *Pur sein tenir e de jeofne heir* * *q. bien*
> *dedens le broet de v.* A *breof od ch. de v.* C * *Cel oef* A * *d.*
> *freid a m.* C * *m. tout froit, mes anchois l'ares e.* A * *de*
> *chaut sanc de v. o.* A *de chaud sanc de o.* C * *huitaine* A

[32][10] [A *Derechief por tenir le sain et por ben espurger .xx.*] Derechef
pur sein tenir e pur ben espurger deeinz soun cors.* Fetes
une medicine ke l'em cleime 'estricsalve'* de cete manere:
pernez la consoude e la vetonie* e mawe e le persil e
serpilun* tout en une mesure, si quisez ensemble en bure
freis e devaunt iceo eyt esté quit en[z] la racine* [d]e*
[f]lamule. Quisez ses erbes,* si metez ovek la vermoture
de coudre* ki eyt esté medlé od mel. Tout ceo ensemble
quisez, si le refreidez un poy, si le metez en une boiste ou
il seit ben gardé. De ceo durrez a voustre oysel .ii. fez ou
.iii. le meins.* E si vous li donez pur espurgement de mal

10. The first part of the receipt is found in Adelard 28. The
obscure reference to 'mule' has been corrected in the light
of Adelard 'in butiro in quo prius radix flammule cocta
fuerit.'

ki il eyt en sey,* dounke ly donez soulement au ser un jour e cel jour .ii. fez ou .iii.* E tout cel jour le tengez* de toutes chars dekes l'endemain, ki il seit ben espurgé. Derechef* peisez le de vifs oyseus, si le gardez tendrement e ben. E palé* li donez* checun terz jour a manger e mout li vaudra.*

> * Si vos voles vostre oisel tenir sain e ben espurge dedens le cors, f. A e. sei dedenz C * stricelaire A stristalie C * vendonie A betoine C * sarpeillon A *MS en * d. i. aient este les herbes quites, si m. A freis ... erbes om. C * de la vermeilleure de la quaudre A vermeture de codre C * le mois A * dedens le cors A * li d. en .i. jor al soir .ii. fois ou .iii. A al ser un jur ou deus C * E si se estienge C * palee A * p. li d. de plume A * pelee e plumee li donez a la feiz C * a m. ... vaudra om. AC

[**33**] [A *Coment on puet oisel conoistre s'il est gentiels .xxviii.*] Si vous volez garder* voustre oysel sein, pernez le sur poin, si movez voustre poin amount e aval, si ly turnez le poin souz* les pez.* Si plus ne se afiche sur l'un pé ke sour l'autre, si est sein* des pez e des jaunbes. Si vous li metez la char desouz les pez e il ben* estreint e ben tire cele char a jaunbe estendue, dounke est il sein des jaunbes* e des quises. Si il nie* ben soun bek aprés, dunke est il sein tout.* Si il enmeustist ben e escout e proine ben e espurge*, dounke est il sein tout.* Si vous ne avez char ne enmeutir ne le veez,* assaiez si il de gré ren voderad gouter* de ewe: si il en beit, si est malade.* Si vous li tenez le bek dekes a la teiste en voustre bouche une pose* e il ben le oeuvre* aprés, dounke est il sein de la teiste; si noun, si est encumbrez.* Si vous li estendez les eles par les couteus, eins le une e puis l'autre,* si il est sein, nent plus ne li pendrad l'une ele ki l'autre.*

* conoistre oisel s'il est gracious, gardes de quel facon il est, et se il est sain quant il serra sor vostre poing p. A conuistre oisel s'il est gentil gardez de quele chire i seit e s'il est sein e de ceste maniere C * MS sour desous A desuz C * la petrine C * s. de menbres e de p. C * reins A * esnie A si ... s. tout om. C * sains, mais qu'il esmeutille apres e ben s'eskeue et esperoine sor perche A par quei k'il se meutisse bien e bien escue e puroyne sus sa perche C * dounke ... tout om. A * ch. et vos esmeutir le vees A * MS gruter gouster * dunc n'est il pas sein C * piece A * ben aproche A * Si ... encumbrez om. C * l'une avant et pus l'autre A * AC add mes oelement

[34][11] [A *Comment on puet oisel bien muel* [sic] *et naturalment .xxxv.*]
Si vous volez oysel ben muer e saunz grant hauste, en chaude mue e saunz noyse e hors de enuers de jent* le metez, e sa perche seyt coverte de pel de bukerel.* Les hertes* e les sauncsues pernez e detrenchez menu,* si medlez od la char ki li oyseus manjeraz. Sil peissez sovent de menus oyseus, mes des esturneus ne de cornailles* ne le peysez mie, kar il norisent poilz.* E [si] li orrez est chaut,* plus* fresches chars* li donez. Une fez la simaine le bainez, si il fest chaut,* en un aiuet tout novel. Par nuit i metez ewe e par nuit le treez.* Quant il ert parmuez e ben ferm*, dounke l'essaimez* issi: .viii. jours devaunt ke vous le treez, le peisez de pusin e de levre e de vache* ki eyt jeu en ewe u en daz.* Pus si li entraez, si i ert tut egre e essaimez.* Pus si le affeitez belement cum autre oysel saunz trainei.

* e loing de gent A mue hors de noise le mettez C * c. d'entier estrain d'avaine A entur de estreym de aveyne C * Si le lieres d'une cordelette de fil de chanvre sors ensamble sans cordeler et de

11.   Note the ref. in DP lx to 'las eruges fort batudas, / aisi com desus o mostrei, / cant "estranhas" las apelei', 1728–30.

char de chevroeil le paissies o les sansues et les iraignes campestres
as longhes jambes qu'on apele en France font vielles et ce prendes
dehachies menu A   *Si liez bien des cordes, si le pessez bien de*
char de buchel e des raules champestres od les lunges jambes C
les hertes om. C * *cornalions* A * *pous* A * MS *e plus e tant*
comme li tans est plus chaus plus fresces viandes li d. A *e li orrez*
... *donez* om. C * *viandes* A * *si le meins est chaud* C * *une*
fez ... *treez* om. A *en un aiuet* ... *treez* om. C * b. *formes* A
b. f. *e mue* C * *le saigneres* A * *ensi devant que vos l'en traies*
tous .viii. jors l'avres peu de char de livre et de pouchins et de v.
A * *vache tempre en ewe ou en urine* C * *ki en eue ait geu ou*
en dare A *en urine* C * *angres et esmeus* A * *si* ... *e.* om. C

[**35**] [f.56r] [A *Comment on puet son oisel muer hastivement et de quel*
viandes on le doit paistre] Si vous volez voustre oysel dedens
un* meys muer, pernez une serpente ou colevre ou
aumbedeus, si les quisez en plein pot de furment od poy
de ewe*. Quaunt il ert* ben quit e le furment ert ben enbu
del venim, dounke pernez deus gelines, si peissez de cel
furment*, mes ki eles autres viaundes ne goustent.* Pus si
les liez en un aungle.* Quant eles averrount ben mangé la
meité del furment,* dounke tuez l'une geline, si en peisez
voustre oysel. La autre geline peissez del remenaunt de
furment ataunt ke l'autre geline seit mangé. Aprés ceo
tuiez la secounde geline, si empeisez le oysel,* pus sil
peissez de char de buchere[l]* e* de menuz oyseus e de
chat* madle, si muerad,* si tout devendraz nuiz. Si vous
doutez a trover la serpente ou la colevre, tout le an de la
seint Michel dekes ad la issue de feverer les troverez en la
furmiere; de l'autre part, de marz* dekes a la seint Michel
les purrez trover en orz erbaiz* e en fumiers.* Si vous ne
poez serpente ne colevre trover, peissez le sovent de la
loche,* ceo est peissun de ewe fresche*. Quant il ert ben
mué e ben ferm, dounke si l'assaimez issi .viii. jours

devaunt ki vous le treez, peissez le de levre e de poucin e
de vache ki eit jeu en ewe u en daz e pus si le entrerrez, si
l'affeitez cum autre oysel saunz trayne.*

*.ii. A *en deus meins* C * e. *comme anguille(s* AC * erent C
* f. *tant comme il en dorra* A f. *e si ne mangerunt de nule altre
chose* C * goustrent A * f. *dont aies une chaude mue aparaillie
se uveres vostre oisel* A * g. *et les aies mises par eles en .i. lieu*
A * Pur ceo les lessez en une corniere par els meimes C * ben
mangé, donc eiez apaullee une chaude mue, si getez vostre oysel
dedenz C * o. *tant de fois qu'il l'ait tout mangie* A * f. *e si ne
mangerunt de nule altre chose* C * chevroel A buchel C * ou A
* char A maulle chat C * muera ke devant quinze jurs pres
serra tut nu C * et de l'entree de March A * les herbeus lieus
A * Si vous ... fumiers *om.* C * de luz C * douce A duce C
* Quant ... trayne *om.* AC

[36] [A *Comment on puet amender son oisel pur chaponer et comment on
le garde .xxxiiii.*] Si vous volez tercel ou faucoun madle, –
ceo est tercelet – * muer,* vous deviez amender cum le
faucoun ou* oustour furmel* en la primour einz ki il seit
ben ferms.* Si le kapounez cum un kokerel,* mes plus
tendrement.* Pus si le metez en une ferme, si le peissez de
tendres chars cum de oisel e de palé,* e pus ki il seit tret
de ferme e atiré de voler,* si se enlierad a autresi grant
oysel cum sen per aprés la sue meie.* Ceo est esprové de
mouz.*

* ou tercuel, c'est a dire tercelet A * MS *ki m.* qui parmuer vos
doie *a.* A ke pur muwer vus deive *a.* * MS *ou ad* * comme
ostoir ou f. *formes* A * *formes* A cum o. *ou falcon femele le
premer en sor le chaponez* C * cochet A * et p. *doucement* A
ausi tendrement cum vus poez C * palee A * a a. de v. *om.*
AC * mue A *cum sa mere apres sa mue* C * *om.* C e. *de
maint sage ostricier* A

[**37**] [A *D'oisel qui ne puet esmeutir por mal qu'il a dedens le cors*] Si voustre oysel ad mal dedenz le buel* ki il ne puise preu enmeutir,* pernez la raiz ou nul verte reie ne ad,* si trenchez .iii. greins* a la mesure de .iii. greins de orge, si seient ambesdeus les chefs* aguz, sis metez en bure ou en char de vache, si li dounez a manger. Pus si le metez al solail sur une perche, si li deliverad le buel. Si la raiz ne poez aver,* pernez char de vache megre, si en fetes grans mosseus, si metez en ewe, ki il devenge* tout blaunc. De ceo festes peistre voustre oisel a la feze, si li vaudra.* Si ceo ne li vaut, quisez le tuel de malve en un poy de ewe desi ki il seit tout prés remis en jus.* Icel jus pernez, si le colez parmi un drap. Pus le boillez od un poy de bure freis, si le lessez refreider. Pus pernez la grese ki est flotaunt desus. Cele gresse dorrez ad voustre oysel a manger, senglement ou od sa char.* Si il ne la veut prendre, fetes* en une pelote de cele gresse, si li envalez* la pelote* en sa gorge* del petit dey e ceo belement* pur la launge.*

> * *cors* A *le b.* om. C   * *esmeutir* A   * *ou il n'ait nule verde vaine ne nule verde roie* A *pernez raiz od miel vert raiz* C   * *.ii. roieles* A   * *chies* A *giefs* C   * *se rais ne le puet delivrer ou vos ne le (vos) poes avoir* A   * *tant qu'il soient tous blans* A *deviengent tut blancs* C   *si ... vaudra* om. C   * *en j.* om. C   * *senglement od* C   * *f. mettre en* C   * *avalez* C   * *la p.* om. C   * *gargate* A *gargate e ceo* C   * *quintement* C   * *e ceo ... launge* om. A

[**38**] Si voustre oysel tent* sa char, raez* luy de lard* de voustre coutel, si le lessez beker* .ii. fez ou .iii. Si ceo ne li vaut, fendez lui la gorge, si en traez la char, si la recusez cum* il enseinent aprés.

* *sostient* A * *mincez* C * *dou dos* A * *esbecker* C * *si com*
il enseigne ci a. A cum avant esteit, si serra par tant gari C

[39] *Pur char retenue* [A *D'oisel qui tient sa char comment on li doit*
aider] Si voustre oysel tent sa char, pernez une unie* seye*
de chival de la cowe, si li treez parmi les narils, si jetterad
sa char. Si ceo ne li vaut, fendez lui la gorge enmi* le cors*
dehors e la teye,* pus si enjeterez la char, pus si lavez ben
la gorge dedenz od vin cler od une penne. Si la cosez*
tendrement od un delié fil de seye ambesdeus les teyes,*
pus si le peissez de une quise de columb ou de piz* de
geline e seit la char ben sancternee* e en une gui[n]ple*
tant dementers seit le oysel envolupé.*

> * *unie* om. AC *sai* C * *en miliw e* C * *col* A * *e la t.* om.
> A * *recouses* A *recusez* C * *les quirs* A * *pie* C * *sancrevee*
> *sicum il est devaunt enseigne* A om. C * *guinple* A *geline e*
> *seit le oisel en une wimple* C * *enmaillotes* A *tant ... env.* om.
> C

[40] [f.57r] *Pur char jetté de oysel* [A *D'oisel qui jete sa char par alcune*
grece comment on li doit aider] Si voustre oysel jette sa char*
pur ceo ki il seyt blessé ou ki il eit mauveise char mangé,
pernez la jevene* geline tote vive, pus la quisez,* si la
debatez* environ de une verge, ki* il seit ben sancterné,*
ceo est tresmedlé de saunc.* Pus si le treez,* si en terdez
la glette, si la metez refreidir. Pus si humez un poy de vin,
si tenez un poy* en voustre bouche,* si escoupicez* sur la
quise, si empeisez voustre oysel. Mes primes li offrez
plumee e pus la char. Si ceo ne li vaut, pernez* la foille de
lorer, si quisez en vin dekes les deus parties seient
anenties. Le remenaunt lessez refreider od toutes les
foyles. Le jus de ceo durrez ad un poucin a beivre, si ki il
merge.* E si il ne veut beivre, versez li al bek.* Si toust

cum il mort,* si empeissez voustre oysel de l'une quise.
Par taunt si tendrad sa char.*

> *char ou AC * greinnure geline tant greinnure tant mielz valt e
> vive la p. C * si li bates la cuisse tout environ d'une vergete A
> pendez par la quisse C * d. la quisse od une v. C * tant que
> AC * sanc troublee A ensanglentez C * ceo ... saunc om. C *
> si le traies de la geline qui encore est vive A si entreiez de la
> geline la quisse, si m. refr. C * poi de sel A si ... poy om. C *
> b. e un poi de sel C * en moillies cele q. A escopez sus C *
> quisies AC * muire A meorge C * b. par force A taunt qu'il
> muire e tantost comme il ert mors si e. A est mort C * Si ert
> par tant gari C

[41] *Pur la coustivure* [A *D'oisel ki a costiveure comment on le puet
garir et comment on le puet conoistre par coi ele vient*] Si voustre
oysel ad la coustivure, pernez l'esspurge, si le triblez, pus
si enpernez le jus hors. Si le fetes ben frire* en freis bure
en un novel pot. E pus ki il ert ben remis, si versez de cel
jus desus autretaunt cum i ad* remis de cel bure. Tout ceo
lessez refreidir. Entretaunt averez de l'ewe* teve e en cel
ewe plungez de la bone char a la terce part cum li
cunvendreit* ad un dingner.* E aprés cele moillure* de
l'ewe si la moyllez en icel oyngnement, si la donez a l'oysel
a manger. Par ceo si destemperad la mauveise char dedenz
lui. Pus ki il avera ben endut,* si le peissez de l'oysel ou de
veille geline. Cel mal conustrez en le oysel si il tent sa char
plus longement ki ne dut e ki preu ne endue ne
enmeutise.* E sachez ki cele coustivure li vent [f.57v] par
peistre chars trop longement estués,* kar eles ga(n)stent*
toutes les humours de l'oysel, si assiduelement les
manjeuue.*

> * f. remetre .i. pau de f. b. A * cum il i a A quanke il i a C *
> E dunc pernez e. C * pl. sa char la terce partie ke covient C *

disner AC * *mullure* C * *il en sera ben enduis* A *deduit* C *
esmeutist A *enmeute* C * *tenues* A *gardee* C * *degastent* C *
manguent C

[42] *Pur la pere en oisel* [A *Comment on puet garir oisel qui a le piere et a coi on conoist tel maladie .xli.*] Si voustre oysel ad la pere, pernez le reisin sueis,* si le triblez, si enpernez le jus,* si le versez al bek de un poucin taunt ki il merge.* Pus si peissez voustre oysel de la char, pus fetes un lardoun de lard a la façoun de un grein de orge e de cel autresi grant cum* le oysel purrad soffrir. Ceo li metez ens le fundement, ens e hors.* Par taunt si garrad. Si ceo ne li vaut, pernez le balsamite terienne*, ceo est une manere de poysoun. De cel emplez une partie del buel de un poucin ou de columb a la longure de une noice.* Si liez les dous chefs de un delié fil de seye, si li envalez* en la gargate tendrement* pur la launge e pur fere le ben jettre* les fils, si li dounez plumee, si refetes les lardouns cum vous* enseignames.* Cel mal conustrez en lo oysel si il ne enmeustist pru quant vous li averez doné sa char de vache a manjer ki eyt jeu en ewe ki ele seit pres toute blaunche. E par graunt mosseus li dounez cele char.* Si pur ceo ne enmeustist ben, dounke ad il la pere, kar ele li tout le enmeustir cum a houme le pissir.

> * *p. goes* A *la resine grosse* C * *estraignies fors le j.* A *si e. ...*
> *jus* om. C * *muire* A *meorge* C * *de tel grandur cum* C * *e*
> *traez le fors e enz* C * MS *b. et le teremie b. terriene* A *et le t.*
> om. C * *de nostre once* A *a la l. ... noice* om. C * *avalez* AC
> * *doucement* A *queintement* C * *geter* AC * *nos* A * *si cum oi*
> *avez* C * *E par ... char* om. C

[43] *Pur la beistie* [A *Comment on puet garir oisel qui a le bestie et a coi on conoist tel maladie*] Si voustre oysel ad la beistie,* ceo est pres* la pere, si l'apelent giste. Pernez la mauve e la serrie,* si quisez en ewe en un pot od la gresse de un maiol,* si le lessez refreidir, pus si colez parmi un drap, de ceo si versez al bek de voustre oysel de une quilere nent plus lé de voustre pouz.* Cel jus li enmoilerad le ventroil,* si li e[n] uverad* le fundement, si enmeustirad ben. Cel mal conustrez en le oysel si il enmeustist a peine, e sovent veez* si cel ki il [f.58r] enmeustist a tere seit vert en millui e tout entour blaunc.* Si tel [mal] ac e vous li avez devaunt peuz de seches chars,* dounke sachez ki il ad la beistie, si neeit* par suffrete de humours, kar le oysel ki ne beyt si covent ki il eit fresches viaundes,* ki il eyt* meusturs* en lui de beivre.

> * *bestie* AC * *pur* A * *giste hostricier* A *si ... giste* om. C *
> *sauge tout a une mesure* A *sarreie* C * *porc masle* A *muul* C
> * *pollichier* A *pucir* C * *ventre* C * MS *uveerad* aovrira A
> *overa* C * *se ensi est qu'il esmeutist* A * *a.t. e soit en milieu*
> *noir* A *a t. s'il seit a miliw neir* C * *s. viandes* A *bones viandes*
> C * *naist* A *si neeit ... beivre* om. C * *chars* A * *qui li*
> *rendent moisteur* A MS *meustisurs.*

[**44**] *Pur la felere* [A *De oisel qui a le filiere comment on le puet garir et a coi on conoist tel maladie*] Si voustre oysel ad la felere, pernez del tendrun de genest racee* e de foyl de erre* terestre* tout en une mesure, sil triblez ensemble, si enpernez le jus, si moyllez les viaundes a l'oysel dekes vous le veez gari. Cel mal conustrez si il enmeustist* vert e li braiol li bate aprés e nekedent* si veut volunters voler e sei aler a trop fort oysel, donk sachez ki il ad la felere.

> * *del geneth e esracet de la f. de e.t* C * *liere* A * *t.* om. A *
> *Iceste maladie ad le oisel ke enmeutist* C * *e li br. ... oysel* om.
> C * *n.* om. A * *ad le mal ke hom apele la f.* C

[45] *Pur les verues* [A *D'oisel qui a les verues comment on le puet garir et a coi on conoist tel maladie*] Si voustre oysel ad les verues, pernez les racines de la neir espine e de la fougere ki creit en cheinne* e estoupes menu* detrenchés. Iceo triblez ensemble, si i metez eisil, pus si pernez un fort fil de seie, si nués les deus* entour la verue ben estreyt, si lessez estre issi dekes la verue chete* par sei. Mes jecun jour delierez le fil .ii. fez ou .iii.* quant vous li oindrez* de cel oinement, ceo freez dekes la verrue chece* par sei od tout le fil. Cel mal est leger a conustre,* kar il pert dehors.*

> * MS *chemin croist el cheisne* A *creist sus cheinne* C * MS *menu* mincles menuement AC * MS *mincles* for *mincies* ? * *les d.* om. AC * *choe* A *chice* C * *ou .iii.* om. AC * *moillerez* C * *chie* A * *veer* C * *dehors le maladie* A

[46] *Pur le poagre* [A *D'oisel qui a poacre comment on le doit garir et comment on conoist le maladie .xlvi.*] Si voustre oysel ad le poagre, pernez l'escorce del frene* e de pomer e de la neir espine e del chenne jeune tout a une mesure, sis quisez en un vessel de areim ki il seit espés cum enke.* Pus si le lessez refreider, si i metez del veil seim,* pus si asseez le oysel sur une perche, si li oingnez les pez ascoutumeement.* Cel mal ad oysel quant les pez li sount crevez e bossus* e quant li ortil li sunt* [f.58v] si reddes ki il ne les poest plier sour poin ne sour perche pur la reddour.*

> * *de laune* C * *onke* A *cum e.* om. C * *i metes dou vies savon* A *le metez en une boiste, si le gardez, p.* C * *acustumement* C * *bochus et creves* A *boçus e curnez* C * *li s.* om. A * *p. l. r.* om. AC

[47] *Pur les fevres* [A *Coment on doit oisel garir de fievre et coment on cono[i]st tel maladie*] Si voustre oysel ad les fevres,* pernez

les lentiles de la funtaine, si les assuez al fu ou al solail, si
ke poudre en puisez fere. Cel poudre esparpilez* sur sa
char dount vous le devez peistre dekes il seit sein. Cel mal
ad oysel ki sovent tremble* e ki toute jour dort sour poin
e sur perche e ki sovent ad les oyls clos e ki ad la teste
emflee e pesaunte chere.*

> *le fievre A *espanderes A *tremble om. C *chere om. A
> chire C

[48] *Si voustre oisel est glettous* [A *D'oisel glouteus comment on li puet
aider et a coi on puet conoistre tel maladie*] Si voustre oysel est
glettous, pernez cenimodan,* si triblez e* moillez sa char
el jus quant vous le peistrez deci ki il eyt la glette* perdue.
Cel mal ad oysel* qui trop est egres* pur sa char manger e
ki ne sefre* ad houme sa char manier,* ainz la coevre de
ses eles.

> *sassemonde (?) A cēmodan C *triblez e om. C *gloutee A
> *tele teche est li o. A *engres AC *sueffre nient C *m.
> quant il(C puis qu'il)l'a desous(C desuz) ses pies ains (si C) le
> cuevre AC

[49] *Pur jaunbe depessé o quise* [A *Coment on doit aidier oisel qui a
brisiet alcun de ses membres .xlix.*] Si voustre oysel ad la
jaunbe ou la quise depessé* par mauveis garde,* pernez le
doderun* ki creit al linoys,* si le triblez od veil oint de
mayol,* cil liez entour le fret membre,* si le espelchez od
deus esplentes cavees* a la mesure del fret membre.* Cel
enplastre* i seyt lié deci ki il s'afiche* taunt sur le un pé*
cum sur l'autre e ki vous le veez gari.* Mes en une ferme
seit mis ou il nent ne puise veer for quant il manjue. Si ceo
ne li vaut, pernez la osmounde* e consoude,* si triblez*
od freis bure, si en fetes .iii. pelotes ki il puisse

transglouter, si li envalez* en la gorge* od le petit dey, si
eschivez ki la launge n'i adeise.* Pus si espelchez* cel
membre, si le metez en ouscure ferme* en privé luy.

> *fraite* A * *par m.g.* om. A * *dodorun* C * *croist el linus* A
> *crest en lines* C * *porc masle* A *porc maulle* C * *m. en tel*
> *maniere que vos l'espergies sor .ii. esplanes chevees* A * *la fraiture*
> *del m.* C * *si le ... membre* om. C * *faites .i. tel emplastre et li*
> *lieres jusque a tant que vus verres qu'il s'afichera si ben sor le*
> *membre frait que sor l'autre* A * *se fiche* C * *sur cel membre* C
> * *e ki ... gari* om. C * *l'esmonde* A * *consaude tout a une*
> *mesure* A * *si t.* om. C * *avales* AC * *gargate* A * *si gardes*
> *ben que la l. n'a touche al soi* A *n'i a.* om. C * *espulichies* A
> *espelicez* C * *ouscure* om. C * *en p.l.* om. AC

[50][12]   [f.59r] *Pur la pepie* [A *Comment on doit oisil garir de la pepie*
et par coi on conoist tel maladie .l.] Si voustre oysel ad la pepie,
couchez le sour voustre devaunt,* si li liez les pez, si li
raiez la launge cointement,* pus si metez* le fel de quele
beste ki ceo seit.* Si la pepie sei demoustre* par itaunt,
metez un poy de fres bure od un poi de freis seim, pus si
li offrez de l'ewe,* e si il ne la beit* volunters, donez lui un
poy de duz let de chevre. Cel mal conustrez si il crie
dereyment.*

> * *c. en vo giron* A * *belement* A * *m. sur la lange* AC *
> *d'aucune beste* A * *ne se d.* A *MS e de l'ewe   nel prent* C *
> *roement* A *roiement* C

[51] *Pur runpure* [A *Comment on doit garir oisel desrompu et a coi on*
conoist tel mal[adie] .lii.]. Si voustre oysel est runpu de novel,
pernez la racine de flambe, si en raez le tendre ki est en
miliu.* Icel triblez ensemble e ceo destemprez od un poi

12.   The material is not found in DP lxxi ('Contra mal de
             pepida').

de vin. Si pernez* la geline jevene,* si en treez la quise, si
en terdez* la glette, si la moillez en cel vin,* si en peisez
voustre oysel. Si il procheinement* aprés enmeustist
saunc, si murrad; si nun, si garrad.* Si ceo ne li vaut,*
pernez la consoude od foil e od racine, si la lavez e triblez
e moillez sa char od le jus. Quant il est pu, si le metés en
oscur* luy en une ferme e toute fez le peissez de char
moyllé* deci ki il seit sein. Mes si il est de longes rounpu,
ren ne li vaut. Cel mal ad oysel ki enmeustist vert e ki
soudeinement enmegrist* e ne poest toust remounter* par
bones viaundes e de l'autre part li oyl li enfosent e de
voler ne ad cure.*

> * m. de la racine AC * porchacies A * vive C * si ostez C *
> en cel jus A el jus sa char C * aneire C * si n. si g. om. C *
> Si c. n. li v. ... ren n. li v. is transposed to the end of the
> section in AC * novele C * e ki s. e. om. C * escons A * p.
> recoverer C * le oisel farse nen ad cure de voler C the final
> sentence occurs earlier in the passage (after garrad) in A

[**52**] *Pur le cauncre* [A *Comment on doit oisel garir de cancre .li.*] Si
voustre oysel ad le cauncre, pernez de l'eisil,* ouelement e
de sel e de la poudre de peivre.* Tut ceo triblez ensemble,
si en fetes un enplastre, si liez ad le mal .iii. jours.

> * du mel et de l'aisil A miel e e. C * p. .i. pau plus que du seil
> A

[**53**] *Pur membre affebli* [A *D'oisel qui a esté grevés en sa jovente
d'aucun de ses membres coment on li doit aidier .liii.*] Si voustre
oysel ad aucun membre affebli* en juvente par*
boistousement prendre ou par vileinement manier, donke
pernez la menue* racine sinapis,* [f.59v] si la triblez e
pernez le jus, si colez parmi un drap, si moillez en sa char
dekes voustre oysel seit sein.* Ou pernez la menue* racine

de tanesi, si la triblez e pernez hors le jus, si colez parmi un drap, si moillez en sa char, si li donez a manjer dekes il seit sein.*

* *enfeblie* C * *ou par* A * *de la meine* C * *sinapi* A *de senvei* C * *gari* C * MS meire (corr. *meine* ?) * *Ou p. ... sein* om. AC

[54] *Pur les aguilles* [A *Comment on doit oisel aidier qui a les aguilles* .*liiii.*] Si voustre oysel ad les aguilles,* pernét acer,* si en limez un poy. Cele limeure* esparpilez* sour sa char deke vous le veez gari. Ou pernez seneviz, si esparpilés sour sa char. Si ceo ne li vaut, si emplez* le buel de un poucin de eisil, si liez les deus chefs ensemble de un fil de seie, si li launcez* en la gargate. Ou vous triblez la barbe de porez, ki il eit demi quilleré de jus. Iceo li versez al bek. Si ceo ne li vaut, destrenchez menu .ii. seies de chival de la crine*, si esparpilez sour sa char, pus si metez un escu desouz sa perche encountre la nuit, si troverez l'endemain les aguilles* mortes* sur l'escu. Cel mal ne sevent guers gent conustre. Si* il alaine anguisousement, le seingnez del col ou de la bouche ou del petit orteil, pus li dounez char de poucin enfelupez en bure. Si il enmeustist saunc, triblez sanguinem draconis et mumiam, si li donez od char chaude par .iii. jours. Pur la pere li donez scentrunglam (?) od la [char] chaude. Pur les poilz pernez le maril e liez ad sa perche, si nuez l'en la ou il ad les poilz, si le metez al solail. Ou pernez de buche secche, si fetes poudre, si empoudrez le oysel, si le volupez en un blaunc drap al solail. Si il jette la meité de sa char sur sa perche, dounke ad il le oumbrix. Issi le sanerez: metez de l'oylle en un buel de geline, si li fetes manjer; le autre: li donez char moillé en eysil. Si voustre oisel est malade e vous ne [f.60r] savez de quei, donez ly char chaude moillé en mel od la limeure, si garrad.

> * *aguillons* C * *achier* A *la roille del acier, e un poi enpudrez sa char* C * *limeure .i. pou chascun jor* A om. C * *si en l. ... esparpelez* C * *prendes une onche de boiel* A * *avales* AC * MS crinez * *montees* A * *aguillons* C * From here to the end is omitted in AC

[55] *Pur male teiste* [A *D'oisel qui a mal en la teste comment on li doit aidier et a qoi on conoist tel maladie .lv.*] Si voustre oysel ad male la teiste,* freez ly le paleiz de salgemme* senglement.* Pus si le fetes tirer l'aleroun* de un grant oysel,* si en geterad tout le mal parmi les narils; si ceo noun,* tenez lui le bek en ewe dekes as oilz, pus si le fetes tirer soun aleroun.* Cel ma[l] conustrez si il ad la teste plus grose ki il ne sout aver e aukes pendaunte chere e si il jette nul ewe* parmi les nariles, donke ad male la teste.*

> * *mal en sa t.* A *le mal en la t.* C * *oies* [sic] A * *sauge* C * om. AC * *sur le alrun* C * *de une geline ou de altre g. o.* C * *si ceo ne li vaut* AC * *traire a l'aleron* A *tirer sus le alrun de une geline* C * *mult d'ewe* C * *d. ... teste* om. AC

[56] *Pur le ré* [A *D'oisel qui a le rod comment on li puet aidier et a coi on conoist tel maladie .lvi.*] Si voustre oysel ad le ré,* pernez le raiz e la bie* e la* jubarbe e sauge e nepte* tout a une mesure, si quisez en vin od une partie de porc madle* e .iii. fez i metez del vin.* Quant ceo ert ben quit* e od freis bure,* sil colez parmi un drap e la grese ki est desus flotaunt,* si requisez* en un poy de mel.* Quant tout est ben remis, si li donez pelotes a manger freis freit. Si ceo ne li vaut, pernez de l'oint del teisun taunt cum une noiz de coudre,* si moillez* .iii. greins de peivre e la poudre meddlez od tout.* Pus si en fetes .iii. pelotes, si le fetes

transglouter,* si li avalez en la gorge* del petit dey, si le asseez hors de noise, si le lessez aprés longement juner. Si ceo ne li vaut, pernez la tuile, si i fetes une fossette e enz la fossette* metez un poy* de arrement, si metez la tuile,* si fetes boiler al fu e taunt cum il boit* metez od tout del peivre muilu* e de la poudre de baye, sil lessez boillir ensemble od le arrement.* Pus ki tout ert ben boilli ensemble, si le triblez de la maunche* de un coutel, si sufflez del poudre as nariles de l'oysel od un calemel,* mes einz liez le bek od un fil ki il ne puise [f.60v] mettre* la force parmi le bek* ke la sus li aut al cervel ou le mal li tent. Si ceo ne li vaut, pernez le raiz* e de la jubarbe* ouelement, triblez ensemble, si moillez sa char al jus. Cel mal conustrez par ceo ki il rasle* en la gargate autresi ben devaunt l'esbatre cum aprés.*

> * rod A ne C * et aune A la b. e la om. C * e nepte A * o une pieche de le lart de p.m. A od un petit lard de p. de m. C * et puis le quisies ci que par .iii. fois remetes vin ou pot A * builli C * e od f. b. om. AC * qui desus flotera AC * quisez C * m. quit e od freis bure AC * courre A * moles AC * oint AC * si .... transglouter om. AC * gargate o le AC * e la f. om. A un fosse en terre e en le fosse C * piece A * t. sur le fu AC * bout A built C * molu C * bolir claretement A * od le mance C * chalemel A * une penne C * m. hors AC * b. si que la force monte al c. A b. suffler e ke la force auge sus el c. C * les foilles de C * j. e la racine de freidele o. C * roille A radle C * d. le pestre e apres C d. l'esbat A. At the bottom of f.60r a slightly later hand has added the following receipt: Pur le re. Pernez un pou de arrement e frotez le paleys de l'oysel ke ceo soyt toust noyr, mes veez k'il soyt void e cel usez, si garrad.

[57] *Pur le tesge* [A *D'oisel qui a les tesgues comment on le puet garir et a coi on conoist tel mal[adie] .lvii.*] Si voustre oysel ad le tesge,* donez li a manger de l'orpiement en .iii. mosseus* de char.* Ceo fetes .iii. jours ou .iiii.* Si li fetes sovent tirer. Si ceo ne li vaut, pernez del fel de un ver e del quit mel a une mesure. Sil metez al buel de une geline, si le aturnez cum il dist la devaunt,* si li fetes transglouter, pus si li donez plumee pur les filés geter.* Si ceo noun,* pernez l'estrume* de un enfaunt letaunt tout chaut, si i metez sa char, si la lessez gisir quant* seyt freide. Pus la terdez saunz laver e saunz assuer,* si le peissez aneire de cele char. Cel mal conustrez en le oysel quant aprés esbatement* li enfle la teste* e runfle des narils, ad bek overt e aleine par le bek e panteise aprés forment.

> *les tegues et il est possieus* A *les tenges* C * *morseals* C * *ch. par .iii. jors* A *ch. de vache* C * *Ceo ... .iiii.* om. A * *sicomme nous deimes desus* A *c. devant est dit* C * *p. l. f. geter* om. C * *se ceo ne li vaut* AC * *l'estrain dou berch al e. alaitant* A *le fins* C * *tant que li estrains soit f.* A *tant k'ele* C * *P. le faites terdre et essuer sans laver* A *P. si fetes teordre sanz secher e lavez* C * *abatement e quant il aieyne sil aleine par le bec, si pauntaisse forment apres* C * *li ... teste* om. A *

[58] *Pur les poilles* [A *D'oisel qui a pous comment on le doit garir et comment on conoist tel mal[adie] .lviii.*] Si voustre oysel ad les poilles,* si il est gras, si le tenez gras;* e si il est megre, pernez une grant partie de grein de fusein,* si quisez en vin ou en lessive, pus si enoingnez les eles deenz e dehors e le piz tout.* Pus si le metez al solail ou vous le tenez al fu saunz fumee e saunz puour.* Si noun,* pernez un novel drap de blavet,* si l'eschaufez al fu, si envolupez le oisel dedenz, si isterount les poilz* pur le chaut, e murrount pur la force del teint.* Si ceo noun, pernez la

gresse de une owe,* si en fetes seim. [f.61r] Pus si pernez
le liz ki est as ustilz as teseranz aukes gros,* si le metez en
cel chaut seim,* si le lessez jesir enz ki il seyt tout freit.*
Pus si moillez tout, l'envoluperez entour le col a l'oysel*
laschement desus la plume e entour le cors,* si le lessez
issi un jour, si manjerount li poil la gresse, si murrount.* Si
ceo ne li vaut, pernez cendre de pomer, si qui il n'i eyt nul
autre cendre fors soulement cele. Pus pernez stafizegre, si
le triblez en un morter ou en un esquiele de la maunche
de un coutel tout ad poudre. Pus i metez des cendres, sil
destemprez ben od vin egre ki il seit aukes espés, pus
pernez sour voustre dei de cel oingnement, si en oingnez
voustre oisel sur les eles e sur les quisses, e nomément sur
checune jointe issi ke la char seit ben moillé, e autresi
oingnez le piz desouz les eles. Quant les averez issi enoint,
pernez orpiement, sil triblez ben en une secche esquiele ki
tout deve[n]ge empoudré. Pus pernez de cel poudre, si
esparpilez* sur sun dos, si devendra ben colouré. Pus
l'asseez sur une perche, si le lessez reposer tute nuit e ceo
fetes .iii. nuiz ou .iiii. jecune aprés autre. Si murrount li
poilz nettement, kar ceo est esprové de mous. Cel mal ad
oysel ki toute jour sei poille e escout sour perche* saunz
ceo ki il ne* eyt esté al solail ou al fu tenuz sur voustre
poin.

*puilz C * tenes le en sa craisse A tenez le engresse C * fusain A
fusili C * les pennes totes C * pudre C * Puis p. C * bleu A
blanket C * et monteront p. le ch. A * m. om. A pur la f. del t.
om. C * owe grasse C * le fil qui est al chief des dras as tisserans
c'on apele pelles A un fil e le ustilez a.g. C * sain quant vos l'osteres
dou fu A * bien enbu C * l'envoluperes entor les eles et entor le col
A l'envol. ... oysel om. C * l. le liez desuz les eles tut envirun si le l.
C * through a 'saut du même au même' the material from
mourant to the same word in the penultimate sentence is

omitted in AC MS *desparpilez * tel teche a li oisel qui coute s'eskeut et espelice sor perche A Icest mal peot hom conustre par ceo ke le oisel se espelice tut le jur e escut se sus sa perche C * ne* om. AC * t. sur v. p.* om. C

[59] *Pur les teingnes* [A *Comment on doit garir oisel qui a les taignes et par coi on conoist tel mal[adie]*] Si voustre oisel ad les teingnes, pernez l'entrerus* del neier* e de l'arrement e de la sue* e de la fente* de owe deus taunt ki* de l'autre, sil triblez ensemble, sil quisez en la brese en un escale de eof,* pus ki ert* [f.61v] aneti pur la chalour. Ce ke remeint lessez quire ki il seyt sec, ke poudre en pussez fere. Cel li destemprez,* si en moillez les pennes teingnouses. Par ceo, si il deyt garir, si garrad.* Si ceo ne li vaut, pernez le fusil de fer, si metez en ewe, si i gise longement e en cele ewe baingnez le oysel. Si ceo noun,* pernez de l'arrement e de sel, si boillez ensemble e eisil i meddlez od tout e poudre de aloine, si en oingnez les luis des teingnes. Si ceo ne li vaut,* pernez mente sauvage e arrement e sue,* si destemprez od eisil, si entraez les pennes* teingnouses, si emplez les fosses* de icel aparailement, ces sunt les lues des pennes traez.* Pus tendrez le oysel ferm,* les pez liez desi ki le oingnement seit enbu. Ou vous pernez* le genest ou le erre,* si ardez, si en fetes poudre. E pus fetes lessive de la cendre de ceo, si moillez les pennes. Pus si le metez assuer al solail, si ne moillez nule penne si la teingnouse noun. Par ceo si murrount les teingnes.*

Derechef pur les teingnes houster pernez la quarte partie de un boisel de chauz ou plus, si le metez en une tinne ben nette. Pus pernez ewe de funtaine clere a la mesure de .xii. jalouns, si metez en cele tingne. Pus si pernez une bone poingné ou plus de la petite consoude e de un erbe ki l'en apele 'ribwort' ouelement mesure. Si les triblez ben en un morter e quant les averez issi triblez, si les pernez sus od tout le jus, si les metez en cele tinne. Pus si destemprez cele ewe ben ki ceo seit ben meddlé ensemble. E quant ceo serra issi meddlé, donke le lessez reposer longement saunz adeser, si devendrad tout craimez, si serra l'ewe par desouz cele craime mout [f.62r] clere. Pus pernez la char dount vous le peistrez, si la moillez en cele ewe clere .ii. feiz ou .iii. Si ceo ne li vaut, pernez de memes cele ewe, si metez en un bel vessel tout plein. Pus fetes baingner voustre oysel en cel ewe. Si ceo ne li vaut, pernez un grein de furment, si le moillez en mel cler e novel un poy. Puis pernez cel grein, si le boutez en le pertus quant la penne ert chaiette, mes gardez ki ne le metez devaunt ki la penne seit chaiette, si garrad. Cel mal ad oysel si la penne li comense ad jaunir pres del cors e ad esteindre.

le moien escorce A *enterus* C * MS *veir noier* A *noer* C * *de la sieue* A *e lessive* C * *e fiens* C *a duble* C * *neof pot* C * *d'oef et quant le jus ert an quientis et p. le cal.* A *pus ke le jus ert* C * *d. o aisil* A * AC now insert *tel/icest mal conuistrez en le oisel si la penne li comence a gaunir/guanir pres del tuel e estreindre* which appears at the end of the section in D. * *p. le fusil ... ceo noun* om. C * *Ou p.* C * *et leisive* A *e sue* om. C * *enoignez les eles e les p. t.* C * *f. de teignes* C * *lieus des taignes ou les pennes sont traites* A *liws de teignes de pennes traites* C * *t. al soleil* C * *Si ceo ne li valt, p.* C * *la geniel vielle* A *geneth od ere* C * the final section is omitted in AC, C adding the Latin receipts: *Si vis furari aliquem avem, accipe semen jusquiami et fac inde pulverem et super asperge carni quam debet comedere. Ea commesta cadet illico. Quam cum volueris salvam et sanam fieri, accipe parum acetum et distilla in naribus suis et alas eius apprehende et sanabitur. Nec propter hoc deterior erit.*

[**60**] [S]i voustre oysel soyt blescé ou brusé isi k'il ameutist saunc ou autrement, pernez cunfirie od racine e od foile, si la fetes ben laver e nettement, puis si la fetes ben quire si ke ele soit touste espesse. Puis houstez l'escume pardesus, si la fetes refreydir e de cel ewe refreydie moillez ben la char dount vus le pesterez. Puis pernez le buel d'un poucin e le facez nettement laver dedenz e dehors, si pernez la petite consoude e betaine e launceline e les batez ben si ke vus eyez le jus. Puis pernez le buel, si en fetes mosseus ausi cum i pura transglouter e metez le jus de ceus .iii. erbes en ceus mosseus del buel e si nouez ben les .ii. chefs de un delié fil de seye. Si li donez a manjer e l'une chose e l'autre par treys jours, si garraz.

[**61**] [S]i voustre oysel ad les poilles, pernez erre ke crest sus chene, si en fetes .iii. gobouns del gros e de checun goboun fetes un auje. Puis pernez let de vache neyre ou rouje e versez en cel auje un, puis le metez sur les breses si k'il soyt boylli. Puis le metez jus. E kaunt il sera aukes refreydi, moillez ben la char dount vus le peysterez en cel let, si ly donez a manjer. L'autre jour pernez l'a[u]tre auje e fetes cum avaunt dist, le terz jour la terze auje, si garrad. Ou pernez stafizegre e peivre e gingivre, si le triblez toust en poudre. Puis i metez de fel de oysel ou de autre beste, si le destemprez ben od vin egre, ke ceo seyt espés cume moustarde tempue. Puis pernez une penne, si moillez en cel oyngnement. Si en oingnez voustre oysel ben. Puis le lessez reposer une pece, si le lavez ben de ewe teve, si le fetes asechir au solail ou ...*[page cropped]

TABLE OF CORRESPONDENCES
with Daude de Pradas, *Dels Auzels Cassadors*

1. Some material in DP xxv.
2. Some material in DP xxvi.
3. Much material in DP xxvii.
4. Much of the material in DP xxix.
5. Some material in DP xxx.
6. Some material in DP xxx and xxxii.
7. Some material in DP xxxiii, xxxv, and xxxvi.
8. –
9. –
10. Some material in DP vii and ix.
11. Some material in DP xiii.
12. –
13. DP v.
14. DP xxxvii and xxxviii.
15. Much material in DP xxxix and (last section) in DP xl.
16. Much material in DP xlii.
17. DP xli.
18. DP xliii and xliv.
19. DP xlv.
20. DP xlviii and xlix.
21. DP liii and liv.
22. DP lv.
23. DP lvi.
24. DP l.
25. DP li.
26. Some material in DP lii.
27. DP l.
28. –
29. DP xlvi.
30. DP xlvii and lvii.

31. DP lviii.

32. –

33. –

34. Some material in DP lx.

35. Some material in DP lx.

36. –

37. –

38. –

39. DP lxxxiv. Xcii which deals with 'fileira'.

40. DP lxxxii.

41. –

42. Some material in DP xcvii.

43. Some material in DP xcviii.

44. No overlap with DP

45. DP cx ('verrugas')

46. DP cii.

47. –

48. –

49. cf. DP civ.

50. –

51. –

52. –

53. –

54. –

55. –

56. –

57. –

58. Some material in DP cxviii.

59. –

60. –

61. –

GLOSSARY
(var. = variant not represented in the text)

abry s. 18 shelter, sheltered spot

adeser v.a. 49,59 to touch, handle

afaitier (affeiter, rafaitier, affeyter) v.a. 2,6,14,18,28,34,35 to affete, train, gentle a hawk

agule (aguille) s. 21,24 needle; 54 endoparasite, 'needle worms'

aguliner (aguiller) v.a. 21 to prick with a needle, sew

airan var. s. 10 **de viel ~.** old **jovenes a ~** young

aiuet s. 34 ewer

aleroun (alrun) s. 55 wing-tip

alne s. 25,26 alder

aloue (aloe, alowe) s. 4,6,7 lark **~ bise** var. 7

aluyne (aloine) s.30,59 wormwood

ameutir v.a. 60 to excrete

amiablement adv. 17 gently

ane s. 5,6 duck

ane(i)re adv. 2,20,21,57 immediately, at once

apens s. 13 three feathers, high on the leading edge of the wing [DP 191 'Li pino son las tres penetas, / que nos apelam espazetas, / en l'ala. Son tot dreit en l'or / e soven paron per defor']

arrement s. 56,59 oak-gall

assaimer v.a. 35 to enseam, cleanse (process of losing internal fat)

asserrer v.a. 20 to confine

assoumé p.p. 7 applied to young or mewed birds whose feathers are fully developed, 'full summed' (cf. DP 1.875 'un'alauzeta ben penada')

assuer v.a. 20,57 to wipe clean and dry; v.n. 59 to dry out

atiré p.p. 36 prepared, ready

atorner (atourner) v.a. 20,24,57 to arrange, equip, prepare

auje s. 61 trough, small tub

aune s. 11 alder

avaler v.a. 7 to cast low and downwind; 56 to insert (in the throat)

aver prep. 5 towards

ayre (aair) s. 1 nest, eyrie

balsamite terriene s. 42 a type of mint (water mint ?)

barbe de porez s. 54 extremity of leek

beker (bekier, esbecher, esbecker) v.n. 3,38 to peck

beistie (bestie) s. 43 disease of the stomach (in birds), a kind of dysentery (prov. 'bistoc') or diarrhoea

betaine s. 60 betony

bie s. 56 ?

biset a. 12 grey-brown, dark coloured

blavet (blanket) s. 58 (A = 'un drap nuef de bleu') blue cloth

bloyus a. 10 var. whitish

boisel s. 59 bushel

boistousement adv. 53 clumsily, roughly

bosoing, par ~ 1 by force

brael (brayol, braieus, braiol) s. 10,13,25,44 brail, feathers about a hawk's rump [DP 231 'Lɔ braguiers es sill pluma blanca / que desotz la coa s'estanca, / e a n'i tal que sembla lana / ben lavada e mol'e plana']

braoun s. 2 brawn

braunde s. 7 **a la ~** agitated, excited

bree (broet, breof) s. 31 broth

broche s. 2 skewer

brocher v.a. 27 to stake

buel s. 37,42,54,57,60 intestine

bukerel (buchere[l], buchel) s. 23,34,35 kid, small goat

bul (bool, bohol) s. 11,26 birch

busart (buisart, busard) s. 22 harrier, buzzard

buys s. 26 box (bot.)

cage (kage, caighe) s. 1 cage

calemel (chalemel) s. 56 tube, pipe

cane var. s. 2,6 duck

cengle s. 13 see **sengle**

cenimodan (cenmodan) s. 48 cinnamon?

cercele s. 4,6,22 teal

cerceler s. 10 falcon apt at hunting teal

cerfoyl s. 30 chervil

cessel s. 13 sarcel feather

chaet p.p. 2,59 fallen

chanevaz (chenevaz) a. 11,25 pinkish

chaponer (kapouner) v.a. 36 to castrate

chaunpeitre (campestre) a. **oisel** ~. 6,7 field-bird

chauz s. 59 quicklime

chawe (cawe,chauue) s. 4,6 chough

ciler v.a. 7 to hide, conceal

cirree (chire) s. 13 broad (yellow) part of the beak [DP 176 'L'om apella nefa o sera / lo groc del bec on las nars so']

cisurette s. 13 slash, stripe

cloaunt a. 8 closing, folding (of tail)

colevre s. 35 snake, adder

columb (coloumb) s. 6,15,20,39,42 dove ~ **ramage** 5 wood pigeon

colre (color) s. 13 collar- or stripe-like marking [DP 182 'Autra [veta] n'i a, so es aquill / qu'es de sobredich a la pluma / et es plus granda oer costuma. / Tot dreit en l'aterell fenis / e per blancor si devezis'/ Aquel a nom, per dreit, colar']

confeter v.a. 3 to train, gentle, accustom

consoude s. 32,49,51 comfrey; **petite** ~ 60 daisy

convenir (covenir) v.n. **laisser** ~ 15 to let be, leave alone, let take its pleasure

corbil(o)un s. 1 basket

cornail (cornaile, cornille, cornalion) s. 5,6,34 crow

corniere var. s. 35 corner

coudre (caurre, codre, quaudre) s. 11,26,30,32,56 hazel

courb a. 2 bowed, curved

countret a. 2 deformed

court a. 7,23 having lost its tail-feathers

coustivure s. 41 costiveness, constipation

couuard (couward) a. 10,14 timid, tentative

couz s. 16 tail

covert s. 7 covert, undergrowth

craimez p.p. 59 creamy

creaunce var. s. 3 a training line

croi(e)re (cruiere) s. 6 rook

crouler v.a. 3 to shake

crupoun (crepon) s. 24 rump

cunfirie s. 60 comfrey

custer v.. impers. 2 to trouble

cutel, coutel s. 13,33 knife feather (six longest feathers) [DP V,
    205 'Aprop so venon li coutel, / so son las penas en auzel /
    que las alas li fan plus bellas / e plus dreitas e plus isnelas. /
    Aver ne deu en l'ala seis / sella pena per razon eis']

cuvercle s. 13 tail-feather, tail-covert

dammaiche a. 5 domestic

daz s. 34,35 urine

defoler v.a. 15 to break up (with the feet), trample on

deguiser v.a. 25 to disguise

dehayz s.pl. 8,13   underfeathers of the wing, tertiary flight
    feathers [DP 215 'Aprop los vans venon desait, / per pauc
    coma van no son fait. / Sestas penas son las plus breus / de las
    alas, e las plus greus / a mudar: aiso so.l coral, / que penas
    mudon per engal. / Doas penas d'engal valor / en la coa son
    cobertor. / Sestas doas son las mejanas; / las autras fan estar

pleanas. / Si per razon estai cascuna, / totas se clavon sotz la una']

delivre a. 4 **chaunp** ~ open country

depesser v.a. 2,21,49 to destroy, damage

dereyment (roement, roiement) adv. 50 excitedly, wildly

desconoistre v.a. 25 to disguise

desescharner (descarner) v.n. 14 to take the prey from (a hawk)

devoluper v.refl. 20 to unfurl, come apart

dey (dei) s. 37,49,56,58 finger

dinner (disner, digner, dingner) v.a. 2,5,19 to give a bird its morning feed s. 41 morning feed

doderun (dodorun, doderon) s. 49 dodder

dunt (doun, dun, dum) s. 2 down

eble s. 30 dwarf elder

egre a. 5,34,48 eager, active

empenoun (espenon, enpegnun) s. 8 flight-feather

encombrousement adv. 1 with difficulty, cumbersomely

enduire v.a. 41 to swallow, digest

enfoser v.n. 51 to be sunken, hollow (of eyes)

enmeu(s)tir v.n. & s. 2,33,37,41,42,43,44,51,54 to defecate ('mute'), let fall droppings ('mutes'); technically, to 'slice' of falcons

enoiseler v.a. 6 to train (to catch prey)

enpennure var. s. 21 group of feathers

ensaunglaunter v.a. 2,31 to spatter with blood

ensemble, poy ~ 2 a little at a time

ensorir v.n. / **ensorer** v.refl. 18 to take off into the air, soar

enseurir v.a. 18 to protect (against)

enter v.a. 22 to engraft, 'imp' (of broken feathers)

entour, estre ~ **de** 1 to be bent on

entreoyl (entroeill, entroyl, entrueil) s. 8,13 medium part of the beak up to the eye [DP178 'Lo mejas [del bec], que es deviro, / entro en l'ueill, entr'ueill a nom']

entrerus s. 59 middle bark

enuer s. 34 disturbance

envaler (avaler) v.a. 37,42,49 to insert, place (in throat)

erbai s. 35 grassy area

erre terrestre s. 44 ground ivy

esbatement (abatement) s. 57 beating of wings

escale, eskale s. 2 scale, scabies; 2 shell (of egg)

escharner v.a. 14 to part (the claw of a hawk) from the flesh

eschenee s. 2 back-cut or chine-piece

e(s)cherde s. 10 scale

escopir (escoper) v.a. 40 to spit out, squirt

escorner var. v.a. 14 to dislodge the claw (of a hawk)

escurre [escout, escut, eskeut] v.n. 33 to shake itself

escrever var. v.a. 14 to split (the claw of a hawk)

esdevent adv. 4 perhaps, maybe

esmerillon (emeriloun, ameriloun) s. 6,12 merlin, small hawk

esmeutir v.n. 37 to defecate

esmeutiz s. 20 bird droppings ('mutes')

esnuer v.a. 22 to knot

espelcher (espelicer) v.a. 49 to splint, apply a splint

esperaunce s. 18 experience

esplente s. 49 splint

espulcher (espulicher, espeliter) v.refl. 18,58 to preen

essaimer (esseymer) v.a. 34 to enseam, cleanse (ridding of superfluous fat by dieting and casting)

essorer (assorer, ensorir) v.n. 18 to take off, rise into the air

esspurge s. 41 spurge

estaindre v.a. 2 destroy, stunt ?

estorture s. 21 twist

estoupe s. 45 tow, oakum

estreindre v.a. 14 to strain; 33 to grip

estricsalve (striclaire, stristalie) s. 32 a medicinal preparation. See the Winchester treatise (ch.2 above) l.480.

estrume s. 57 excrement, faeces

estué p.p. 41 stored

esturnel s. 34 starling

eyre s. **de jevenes** ~**s** 10 young **de veus** ~**s** 10 old

façun s. 8,10 appearance, form, characteristics

familous (fameilleus) a. 2 hungry, famished

farsi a. 18 full (of food), satiated, replete

felere (filiere) s. 44 a disease resembling jaundice, named after *fel*
    'gall-bladder'

fendeure s. 21 slit

ferm a. 2,34,35,36 fully-fledged

ferme s. 2,3,36,49,51 small cage, mew

filés s.pl. 57 thread-worms ?

flambe s. 51 flag iris

flamule s. 32 spearwort

forein a. 8,9,10,12 starting (of eyes)

forsclore v.n. 23 to close up, heal (of wounds)

fosse s. 59 follicle

freit (freyst) p.p. 20 broken

fresne (fraine) s. 26,46 ash

frias s. 5 var.,6 var. rook

fru (fryu, frion) s. 5,6,22 rook

fuitif a. 18 apt to flee, escape

formel, furmel (formeus) a. 12 **oustour furmel** 36 female hawk

furmiere s. 35 anthill

furrer v.a. 26 to cover with fir

fusain (fusili) s. 58 spindle-tree

fusil (fiscal, fuisel) s. 22 twig, small stick; (for **faisil**) 59 scale

gante s. 7 var. wild goose, wild duck

gargate s. 14 var.,37var.,42,54,56 throat

geline s.2,6,31,35,39,40,41,51,57 hen

genest (geneth, genes) s. 44,59 genista, gorse

gentil a.3,8 fine, well-trained (of a hawk)

girfalc (gyrfaus) s. 10 gerfalcon

girun (gyrun) var. s.14 garment; var. s. 50 lap

giste s. 43 dysentery, frequent defecation, flux

glan (glant, glayn) s. 30 acorn

glette s. 40,51 mucus, slime; 48 excessive appetite

glettous (gloutous) a. 20,48 slimy, mucous; voracious

goboun s. 61 gobbet, pellet

gorge s. 1 crop **sour** ~ 2 fasting, on an empty stomach

governer v.a. 2 to rear, take care of

gras (cras) a. 3 well-fed

grosset a. 10,12 plump

gui[n]ple (wimple) s. 40 head-dress.

guirfein (wyrfains) a. 3,11,14 hawk caught in the early winter of
  its second year

hairon var. s. 7 heron

haterel s. 13 nape of the neck

hertes s.pl. 34 hards, the coarse parts of flax or hemp

hes s. 2 board, plank   see also **ais**

heyrouner s. 9 hawk trained to pursue the heron

hobé (hobel, hobei) s. 3 (var.),6,22 hobby, small hawk

houestre var. s. 7 South Wind ?

houstour (oustour, ostoir) s. 1,3,5,6,8,20,22 hawk

huer v.n. 5 to shout

humer v.a. 40 to drink

huys s. 26 holly

ingnelesse (isneleté) s. 10 speed

jaloun s. 59 gallon (measure)

jekun a. 12 each

kage s. 1 cadge, cage

kanele s. 17 cinnamon

kokerel s.36 cockerel

lanier a. **faucoun** ~ 12 lanner, a poor type of falcon
lardoun (de lard) s. 42 strip of bacon fat
latoun (laiton) s. 2 brass
launceline s. 60 ribwort (Plantago laneolata)
lentile de la funtaine s. 47 duckweed
let, douz ~ 2,31,50 fresh milk
levre, pel de ~ 1 hareskin
licoriz (ricolice) s. 17 liquorice
lieure s. 20,21 ligature
limer v.a. 54 to file
limeure s. 54 filings
linoys s. 49 flax, linseed
liz (lice) s. 57 thread
loche s. 35 loach
loine s. 16 leather strap attached to the jesses on a hawk's legs
lure (loirre) s. 6 lure
luz var. s. 35 pike

maille (maele) s. 10,11,13,25 marking (of a bird), speckle [DP
      240 '... hom apella mailla / sela taca qu'a.l peitz e.l ventre, /
      vaira, et a.n pauc deseguentre']
maillé a. 10 spotted
maiol (mayol) s. 30,43,49 hog, castrated pig
manier (manoier) v.a. 1,48,53 to handle
maril s. 54 horehound
maur a. 23 ripe
mauviz (malvis, mauvice) s. 6 thrush
mawe s. 32 mallow
meie s. 36 moult, mew
meimes a ~ **de** 22 beside
meir a. 53 corr. **menue or meine** ?

meriloun (merilun, merriloun) s. 6,7,12,20,22 merlin, small hawk

mes a. 6 meal, portion

meustur s. 43 moisture

meyn (maien) a. 10,13 middle

mie s. 2,23 scrap

morillon var. s. 4 black duck

mortin var. s. 6 morehen, coot

mortun s. 4 morehen, coot, duck

mosseus (morseals) s.pl. 2,37,42,57,60 portion, piece, bite

mountaunt a. 10 quick to ascend, of rapid ascent

mouschet s. 4,6,10,20,22 musket, male sparrowhawk

mue (?muier) s. 2,3,23,34 mew, cage

muer a. 4 mewed, moulted

muissun (mussun) s. 15,29 sparrow

mumia s. 54 mummy (med.)

munteour s. 7 soarer (falcon)

mussier v.refl. 27 to hide

mustel s. 10 muscle, joint in leg or wing of a bird

nier v.a. 33 to clean

niés (niais, nioys, nyés) a. 3 not yet able to fly, taken in the nest, an eyas

orpiement s. 58 yellow arsenic

ort a. 35 dirty

osmounde s. 49 royal fern or polypody

ostricier var. s. 36 austringer; a. var. 43 belonging to an austringer

oumbrix s. 54 ?

oysun s. 14 gosling

palé (palez, palee, pelee, paleiz) s. 2,23,32,36,55 birdfood made of eggs, butter, milk and water (*patellata*)

panteiser v.n. 57 be short of breath, pant ('the croaks' or else tachypnoea)

parmué p.p. 34 fully mewed

peis(us)trie s. 22 food ?

pepie s. 50 pip (coryza)

peranez (parané) a. 4 = **sorané** a year or more old ?

perderiz, mere perdrice s. 6 partridge

pere s. 42 a type of constipation, 'cray'

pesseure s. 21 fracture, break

plier v.n./v.a. 2,16 to be bent / to bend

plumee s. 20,40,42,57 feather pill or pellet, the skin with feathers from around the neck of a chicken fed to hawks, which, when vomited (as 'castings'), indicates by its condition whether the hawk is sick or not

plumus (plumais) a. 10 covered in feathers

pluver (plovier)s. 7 plover

poagre s. 46 podagra, bumblefoot

poil (poille) s. 34,54,58,61 louse, flea

poillier v.refl. 58 to delouse

pollichier var. 43 thumb

praer (praier) s. 4,6 bunting (orn. Emberiza miliaria)

primour s. **en la ~.** 36 at the beginning

privé a. 3 tame

procint (purcint, pursin) s. 13,24 preen gland above the tail [DP 227 'Lo peronhs es una verruga / sus en las cropa que.s pessuga / totz ausels can se vol peronher / per so que se puesca meills jonher']

proindre (esperoindre, puroindre) v.n./v.refl. 13,18,33 to preen

pru (preu) adv. 29,37,41,42 much, sufficiently

pyjoun a. 1 chick, nestling, young bird

quaille var. s. 6 quail

racé (esracé, rascé) p.p. 44 pull out, uproot

rafaitier v.a. 18 to give corrective training to

raire v.a. 50 to scrape

raiz s. 37,56 turnip

ramage a. 3,10 wild, untrained **colounb ~.** 5 wood-pigeon, stock-dove

ramoner v.a. 20 to sweep clean

rasler (radler) v.n. 56 to rattle

raundonaunt a. 10 swift-moving

ravinir (ravenier, raviner, ravernier) a./s. 4,6,12,15 rapacious, voracious, ravening

ré s. 56 rye, disease affecting head and throat of hawks

reclaim s. 14 portion of food or any object designed to have the effect of recalling the hawk

reclamer v.a./ s. 3,6,14 to recall (to the fist)

rehaitier v.a. 29 to restore to well-being

reidour s. 1 firmness **reddour** 46 stiffness

relevee s. 3,14,19 afternoon

remis p.p. 37,41,56 melted

rengee s. 13 band

resaner v.n. 23 to heal (of wounds)

[reseer] v.a. 18 to put down

respostilier (repostallier) a. 4 prone to hide

reye s. 10 stripe

ribwort [ME] s. 59 ribwort (Plantago lanceolata)

russet (rosaz, russaz, rouseaus) a. 11,25 reddish, russet

sai, par ~ 2 on its/their own

saisel s. 13 the first of the primary feathers, sarcell feather (AN *saisil*), also appears in 13 as **cessel** [DP 195 '... li saisel, / so son d'alas coma sugel, / sesta pena es la premeira / qu'en l'ala fai dreita carreira ']

salgemme s. 55 rock-salt

sancterné (sancrevee) p.p. 39,40 bloody, spattered with blood

sanguis draconis s. 54 a red gum or resin

sauncsue s. 34 leech

sauz s. 26 willow

scentrungulam (?) s. 54 ?

sec a./s. **en** ~ 7 in a dry place, on dry ground

seggle s. 23 rye

sengle (cengle) s. 8,10,13 middle claw [DP 238 'La sengla es l'arteills premers']

senglement adv. 37,55 on its own, alone

serpilun (sarpeillon) s. 32 wild thyme

serrie (sarreie} s. 43 savory

seye (say,seie) s. 39,42,45,54,60 hair

sinapis s. 53 mustard

siu (seu) s. 23 elder

sor a. 4,6 tawny, chestnut (one year old)

sorage s. 10 of an age indicated by red colouring i.e. pre-moulting condition of a young falcon during its first year

soriz (sorice) s. 2,14,20 mouse

sospechenous a. 1 var. suspect ?

so(u)rdre v.n. 2,23 to grow, develop

stafizegre s. 58,61 stavesacre

sue s. 59 soot

sueis a. 42 sweet ?

suffrete s. 43 want, lack

talun s. 13 allux, hind claw of a bird of prey [DP 236 'talo a nom l'arteills derrers']

teil (till) s. 26 inner bark of the lime tree

teingne (taingne) s. 59 disease of hawks caused by ectoparasites

teingnous a, 59 infested by ectoparasites

teint s. 58 dye

teisun s. 56 badger

tempue p.p. 61 ? **moustarde** ~

tendre s. 51 tender part (of plant), tender shoot

tercel (terceler, tercelet) s. 5,6,8,9,10,12,20,22,36 tiercel, young male falcon

terdre (teordre) v.a. 40,51,57 to wipe

tesge (les tesgues, tegues, tenges) s. 57 'consumption', avian tuberculosis

teye (taie) s. 2 membrane (of egg); 39 membrane in throat

tinne (tingne) s. 59 bin, tub, vat

torele s. 3,14 swivel, turning ring where the lune (short leather strap) meets the jess

tirer v.a. 33 to peck, tug at (tough pieces of meat on the bone known as 'tirings')

torsseure s. 21 twist

trainei, traine s. 34,35 a drag, in the form of a bird or animal, used to gentle a hawk

trainer v.a. 4 to train a bird through enticement by a live bird attached to a line or by a wounded or disabled bird

transglouter v.a. 49,56,57,60 to swallow, digest

treitiz a. 8 well formed

trembler s. 11,26 aspen

trunchoun s. 23 stump (of feather)

tuel s. 22 shaft (of feather); 37 stem or stalk (of mallow)

uni p.p. 39 single

ustil s. 58 'Serait-ce un dérivé de *ostille* 'métier à tisser?' Godefroy.(cf. Tilander, *Glan. lex.* p.268)

uteine s. 31 week

vaun s. 13 secondary, or van, feather [DP 211 'Aprop los coutels veno.l van; / so son penas que, en volan, des lo cors tro als coutels tenon / e cais merman, ades avenon']

vel s. 20 veal

ventroil s. 43 bowels

ver s. 57 wild boar

verge (vergete) s. 27,40 stick

vermoture (vermeture, vermeillure) s. 32 wood dust (from worm holes)

verue s. 45 wart

veruete s. 24 small wart (gland)

vetonie s. 32 betony

viloti(e)r a. 4 apt to fly away

vol s. 22 wings
voluper v.a. 22 to wrap

wirfains s. 10,11 hawk captured at the beginning of its second
winter

APPENDIX

THE 'PHISICA AVIUM'

The text is edited from Cambridge U.L. MS Ff.VI.13 (s.xiii²), ff. 70v–74ra ('Liber de universis passionibus falconum ...') with the title and selected variants taken from Oxford, Bodleian Library, MS Lat. misc. c.73 (s.xiv¹), ff. 91va–93vb [= O], where there is some rearrangement, addition and omission of material. Sources and analogues are indicated by the following abbreviations (accompanied by paragraph numbers):

A = Adelard of Bath, *Conversations with his nephew* ed. & transl. C. Burnett *et al.*;

AM = *Alexander Medicus* ed. Tilander;

D = *Dancus rex* ed. Tilander;

DP = Daude de Pradas, *Dels auzels cassadors* (ed. Schutz);

Ep = *Epistola a Ptholomeo ad regem Egypti* ed. Lupis and Panunzio;

G = *Gerardus falconarius* ed. Tilander;

Gris = *Grisofus medicus* ed. Tilander ;

W = Winchester College MS 26.

[f.70v] Incipit liber de universis passionibus falconum, accipitrum, austurum, spervariorum et qualiter eos curare poteris et qualiter eos nutrire et mudare debeas[1] [O Incipit phisica avium. Capitulum primum]

[1] [O]portet eos qui falcones, accipitres, austuros, vel spervarios[2] nutriunt sobrios esse, ne per ebrietatem aut crapulam sue cure obliviscantur; castos, ne tactu meretricum[3] penne scabie vel tineis corrumpantur; non iracundos, ne irati illos ledant; non fetido anelitu, ne illorum odio ceteros homines fugiant et illo fetenti aere reumatezati fiant; providos, ne ferant[4] illos tempore pluvioso vel ventoso, et ne in firma quam mudam vocant, vel diutius morentur[5] vel citius justo extrahantur, et ne vincula que iacti vocantur[6] ex duro et inflexibili corio fiant, ne macri vel pingues fiant plus iusto, unde amittant[7] voluntatem volandi. [A2; DP xxiv]

[2] Septimo autem[8] die ab ortu eos de nido capies, quo die iam sensus eorum sunt perfecti et menbra eorum in malleolo paciuntur plicari. Nudis manibus sunt capiendi, ut expeditius[9] fiat, et sine mora mane ne estus eis noceat; jejuni, ne ciborum sarcina rumpantur; parentibus[10] absentibus ne et capientem lacerent et nidum

1. In O this red rubric is found on f. 93rb before 'Ad capud purgandum' [17].
2. O has only *accipitres*.
3. O *m. ledantur.*
4. MS *ferre.*
5. MS *morantur.*
6. O *iactos nominant.*
7. O *amittunt.*
8. O *itaque.*
9. O *expedite.*
10. O *patribus.*

relinquant propter ibi visos[11] homines. Depositos ex nido modesto gressu deferas et herbam virentem vel junccum substerne et frondibus obumbrabis quod a patribus eorum sepe in nidis fieri videtur. Firma fiat eis in loco ubi nec nimius calor nec nimium frigus noceat. Cibi ad plenum eis dentur ne fame penne[12] eorum deciderant[13] et ipsi fiant invalidi.[A3; DP xxv]

[3] Cibi sunt parve volucres, maxime passeres, caro canina, facit tamen superbire magnos canina, porcina, caprina sed ne dure sint caveas. Cor ververis comedant non assidue ne inde contrahantur.[14] Patellatam sic facies: ova igne vel aqua cocta[15] in vase ligneo mundissimo vel argenteo potius terantur. Deinde mixta cum parvo lacte iterum coquantur[16] et infrigidata super tabulam minutatim incisa dentur. Carnes etiam quas comedent[17] etiam[18] incide vel aliter patellatam facies: medium ovi cum glarea diu agitata in lacte vel in aqua, que veraciter ad hoc sanior est, coque, et coquendo dispuma et fac ut supra dictum est. Diversitas enim ciborum a scabie mundos et sanos facit. [A4; DP xxvi]

[4] Firmam vero compone sine pertica dum juvenis est, ne nisu ascendendi[19] ledatur. Cum autem creverit, unam inpone perticam, quam, cum insederit[20] et altior es[t],

11. O *propter invisos.*
12. O *plume.*
13. MS *decerideant,*O *detrahantur.*
14. O *conterantur.*
15. O *cocta donec fiant.*
16. O *coquntur.*
17. O *comedunt.*
18. O *similiter.*
19. O *ascendendo.*
20. O *incederit.*

superpone. Cum autem plumam quam dumum vocant[21] exustus fuerit, considera in qua parte firme nocte sedere consueverit[22] et tacite eum per alas desuper[23] arripe, ne alicubi se extorquere[24] valeat et inpositis competentibus iactis usque mediam noctem[25] super pugnum tenens vigilare facias.[26] Si vero dormieris,[27] pone eum super perticam duabus pendentem funibus,[28] ut motu pertice concussus silvestrem animum deponat. Cum vero aliquo in muda posueris, quibuslibet carnibus sanis tamen et sepe diversis non ad horam, sed assidue, permitte refici et die tercia aqua ei offeratur, quia plenitudine ciborum penne citius deponuntur et vicia que ex debilitate eveniunt emendantur. [A6; DP xxvi]

[5]   [O Capitulum secundum] Ad mudandum volucrem: Si avis[29] in muda positus pennas cito non deposuerit, accipe colubrum varium vel serpentem vel utrumque et[30] cum frumento in aqua cocto decoque.[31] Quo bene cocto et iure projecto tritico illo ac iure pullos galline vel columbarum assidue[32] refice. Quorum carnibus si avis[33]

---

21.   O *que* [blank] *dicitur.*
22.   O *consuevit.*
23.   om. O.
24.   O *extrahere.*
25.   O *mediante nocte.*
26.   O *facies.*
27.   O *dormire volueris.*
28.   O *infunibus.*
29.   O *accipiter.*
30.   O *vel s. vel u.* om.
31.   O adds *hic enim minus venenosus est quo ...*
32.   O *vel c. asidue* om.
33.   O *accipiter.*

usus fuerit et pennas sufficienter deponet, et si quis morbus interius fuerit, omnino discedet.[34] [A24; DP lx]

[6] Item pisciculi quoque fluviales, qui 'ravi'[35] nuncupantur, si ab eo frequenter comedantur, idem prestant bene[ficium]. [DP lx]

[7] Item pulvis hirundinis carnibus quibus vescitur[36] aspersus idem facit.

[8] Item lumbi porcini sanguine asini intinctis et incisi idem faciunt sed maturius.

[9] Item[37] pulli ciconie ad idem valent, sed pulverem pullorum[38] cum carne dona, si pullos[39] ad plenum non sufficiunt.[40] [A24; DP lx]

[10] Item pulvis favi mellis ad idem valet.

[11] Item rane[41] que vulgo futuecine[42] vocantur ad idem auxiliantur.[43]

[12] Item pulvis viridis lacerte in [olla] combuste ad idem prestat. [A24; DP lx]

[13] Item grana sambuci in mense septembris sub terra infodias[44] et dum pennas sufficienter mudari quesieris in

34. O f. 92ra adds: *Solidarum quoque pennarum novitate plurimum decoratus longo tempore vixerit, et assidue sanus et ylaris erit.*
35. O *varii.*
36. O *usurus est.*
37. O *Item pigones vel p.*
38. O *pigionum.*
39. O *pigiones.*
40. O *sufficiant.*
41. O *aranee.*
42. O *futue ciue.*
43. O *nuncupantur in eodem auxilientur.*
44. O *effodias.*

eis ordeum madefactum gallinis tribue quibus ipse vescetur.[45] Carnem vero qua utetur predictorum granorum succo nichilominus inti[n]ge.

[14] Audi aliud [f.71r] experimentum periculosum quidem cunctis tamen ad mortem seu ad vitam efficacius. Lumbi porcini cum multa parte mellis triti ave triduo abstinere coacto apponantur, qui carnis aviditate tactus mellisque dulcedine irritatus, tanta gulositate cuncta vorabit, quod etiam pennas usque ad corium deponet et sui ipsius detrimentum incurret nisi forsitan subveniatur.

[15] Si avis[46] de pluribus mudis fueri[t], kl. januarii mudetur[47], si vero[48] pullus, kl. julii, quia quanto tardius tanto velocius mudatur et citius firmatur.

[16] Si antequam mudatur volaverit,[49] gariofilum et semen feniculi in muda cum carne comedat.[50] Si emerillus[51] in muda positus fuerit et pedes suos corroderit,[52] sabulum ei substerne ut ibi se foveat et balneet ciborumque copia apponatur ne pro victus inopia deficiat. Sed si luxuriet, iacti eius tollantur ne eos corrodendo tibias suas et pedes dilaniet.[53]

Actenus de cibis ad mudandum et modo mudandi velociter proficientibus diligenter explicuimus. Nunc

---

45. O *vescatur.*
46. O *accipiter.*
47. O *inmutatur.*
48. O *v. accipiter.*
49. O *a. minuta g.*
50. O adds f.92ra *Vescatur et avibus vivis cum inveni poterunt.*
51 MS emerissus.
52. MS corroserit.
53. O *Si emerillus ... dilaniet* om.

autem qualiter diversi eorum morbi curari valeant manifeste[54] docebimus.

Ad caput purgandum

[O Inde incipit liber de universis passionibus falconum ... Ad caput purgandum]

[17] [T]olle picem[55] mundissimam ad modum fabe et digitis calefac ad ignem et sic pone palato, tamdiu fricando quosque ibi inhereat. Deind accipe quatuor grana stafisagrie, et quatuor piperis albi et tere usque dum subtilissimum pulverem feceris et super picem palato inherentem pone, et quod inde remanserit in nares[56] mitte. [D lx] Postea ubi sol bene caluerit illum pone et tamdiu ibi permitte manere quousque omnis malitia sui capitis per spumam et flegma se depurget sicque post duas horas diei suavi carne illum pasce. [Ger 3]

[18] Item pro eodem. Coque eum super nares ubi vene conveniunt et cum hoc feceris sub caldaria tepida mitte tota nocte et sub ora caldarie mitte petras ut sit a terra dimidio pedis, et sanabitur. [A10]

[19] Item accipe salgiam et fac inde pulverem et frica palatum eius et linguam et suffla cum calamo in nares eius et hoc fac per triduum et fac eum sedere ad solem et da ei ad vesperum manducare parum et sanabitur. [cf. DP lxxviii]

Ad destruendum pediculos

[O Capitulum tertium de pediculis]

---

54.   O *manifestare*.
55.   O *piscem*.
56.   O *aures*.

[**20**] Si videris volucrem[57] se frequenter excutere et rostrum suum ad pennas mittere, scire deb[e]s quod habeat pediculos. Si pinguis est, non ei nocent, si macillentus est, grana fetidi lini[58] coque in aqua et ea plumas eius perfunde et sic ad solem fac sedere. [A14; DP cxviii]

[**21**] Item de cinere fraxini[59] et france vitis fac lexiviam qua infusus[60] ad solem vel ad ignem sedeat.[61]

[**22**] Item argentum vivum et oleum mitte in ignem et fumiga pennas eius et ne fumi fetor noceat, os et nares eius obturabis.

[**23**] Item tere grana fusiani cum aceto et tantum pennas madefaciens pediculos occides. [DP cxviii[62]]

[**24**] Item de jure abscinthii infunde pennas[63] eius et morientur. [A14]

[**25**] Item de jure jusquiami infunde pennas et morientur.

[**26**] Item carnem recentem in pulverem stercoris caprini cum succo mentastri confecto intinctam sibi tribue. [DP cxviii; Ger 17]

---

57. O *accipitrem.*
58. O *linipufustis.*
59. O *Item fractini.*
60. O *i. accipiter.*
61. O *vel ad ignem* om. O now has (f.92rₐ) *Item adipem anserinum in iam dictam laxiviam [corr. lexiviam] mitte et in uolle collum eius desuper scapulas sub pennis et inunge pedes et sanabitur. Item in tela blava involue eumque in calida tinctura exeunt pediculi et in pertica de alno facta super folia sedeat et sanabitur.*
62. See D l. 3527 'd'un albre c'om fuzanh apella'; A14 'fusenum'.
63. O *plumas.*

[27] Item argentum vivum, pulverem carbonis cum sputo hominis confice et filum laneum inde intinctum sub ascella eius liga et morientur. [Dancus 9; Ger 17]

De fumo separando
[O Ad fumum separandum]

[28] Si fumum ex calore ortum sedare quesieris, de qualibet carne ciba parumper, deinde[64] eadem carne ne alterius diversitas in una gorgia officiat rafani jure trita[65] ad sufficientiam refice sicque calor rafani post cibum acceptum fumum elatum conp[ri]met et sedabit.

[29] Item tere piper et fragias[66] et suffla in nares eius et de pulvere fragie[67] frica palatum. [Cf. Ep. 19] Deinde pulcinum aut columbellum acetumque acre tere in mortariolo et mitte ad ignem ut tepefiat et da ei.

[30] Item sagimen vetus, mel, semen apii insimul detur et sanat. [Ger 16]

De curatione tesgue
[O De curatione tesgue capitulum]

[31][68]Satureia, salvia, rafanus, enula, nepta, barba jovis equo pondere cum parte maxima lardi crudi porci masculi in vino per diem decoquetur, deinde per pannum ut cera colatur.[69] Illud vero quod supernataverit melle cocto admixtum,[70] ut ad percipiendum sit jocundius et cum

---

64. O *parumper accipitrem dehinc.*
65. O *intincta.*
66. O *eufragiam* O, corr. *stafisagriam* ?
67. *eufragie* O, corr. *stafisagrie* ?
68. O has *Tesgua sic curanda est.*
69. O *coletur.*
70. O *melli cocto admixto.*

tercia parte butiri admixtum istud a volucre[71] sumptum ei prestat remedium. [W479ff]

[**32**] Item rafanum cum allio tere et exprime et frica [f.71v] inde palatum eius.

[**33**] Item de nitro frica palatum eius et trahit ad nervos[72] galline. Hoc fac frequenter et curabitur.

[**34**] Item atramento fossam in latere factam implebis. Illud super calidos cineres decoctum pulverabis et in palatum et in nares eius inmittes et ne quid inde exeat, rostrum eius abstringes. Probatum est.

[**35**] Item rafanum, corticem rubei corsi, jovis barbam, bletam albam, hec omnia trita et cum porci masculi anxugia in sartagine cocta et per pannum colata ad idem valere perhibetur. Si quid supernataverit, ei donetur.

[**36**] Item in jure rafani et jovis barbe eque expresso carnem intinge.

[**37**] Item pulverem piperis et arboris nucis[73] interuscum appone, tudellum malve et radicem rafani et lardum simul in vino bullies et panno colabis et nocte quasi butirum dabis.[74] [AM 2]

[**38**] Item [lardum] tuci porcini et tutellum[75] malve et jovis barbe coque in vino et exprime. [AM 3]

[**39**] Item pro tesgua si badaverit,[75] quod dire infelicitatis signum est, tres morsellos auripigmenti ei dabis. [W255ff]

71. O *accipitre.*
72. O *extrahat nervos.*
73. O *nucem arboris.*
74. *et nocte ... dabis* om. O.
75. O *tudellum.*

[40] Item albi marubii pulverem, stafisagrie timacete et dodore[77] equaliter da ei cum carne.

[41] Item fel verris et mel coctum ana in budello porci vel galline mixtum ei dona. [AM 1]

[42] Item malvam, cerifolium, reullum, folia spurgie in sagine[78] porcino decocto manante bullies. Hec omnia expressa et frigidata ei dabis.

[43] Item garantiam, panem cuculi, jovis barbam tere et cum butiro coque et exprime et cum cibo ei dabis.

[44] Item mel, atramentum, piperem in patella coque et calidum mitte in naribus et ad pedem porci vel galline fac eum trahere.[79]

[45] Item si pro tesgua badaverit,[80] viridem ranam ei dabis.

[46] Item involve carnem in stercore[81] pueri lactentis[82] dum recens est et liquidus et da ei et liberabitur.

[47] Item coque eum super nares ubi vene conveniunt et pedes eius ligabis ne cocturam tangat. Illa nocte sub caldaria tepida iaceat, sed tu vide ut palmo uno a terra caldaria distet.[83] Hoc fac et sanabitur.

[48] Item tere piper et fragias et suffla in nares eius. Et de pulvere frica palatum, dehinc pulcinum aut pigionem et

---

76. O *badavit.*
77. O *de dolore.*
78. O *sanguine.*
79. O *tirare.*
80. O *bidaverit.*
81. O *cessu.*
82. O *lactantis.*
83. O *distat.*

acetum acerbissimum tere in mortariolo et mitte ad ignem usque tepefiat et da ei et sanabitur.

De tineis destruendis
[O De tineis capitulum]

[**49**]⁸⁴ Interuscum nogarii,⁸⁵ atramentum, antiquam fuliginem, stercus anserinum, ad duplum aliorum sub calido cinere in ovorum testis combure et pulverem cum forti aceto distempera et asperge loca ubi tinee fuerint et de prefato pulvere super appone. [W309ff]

[**50**] Item loca tineosa melle inunge et ad solem fac sedere et mellis dulcedine tinee exibunt foras. [A15]

[**51**] Pones etiam pulverem atramenti et nitri et corticis⁸⁶ fraxini et morientur. [A15]

[**52**] Item gelda etiam cum urina trita ad idem valet.

[**53**] Item accipe persicariam .i. culragiam, doluam aut bletam ana et caulas minutatim incisas, cum butiro coque in vase fictili et cola et quod desuper nataverit loco tinearum appone. [W321ff]

[**54**] Item acrum sal cum aqua calida et ramis satureie in veteri vino mixtum loca tinearum infunde.

[**55**] Item in aqua mixta cum fasillo fabri balneari facias. [W329ff]

[**56**] Item senecionem, sandacem,⁸⁷ stercus anseris cum acceto tere et desuper pone. [W336ff]

---

84.   O adds *Tinearum morbus sic adnichilatur.*
85.   O *interiuscum nugari.*
86.   O *corticem.*
87.   O *scandacem.*

[57] Item atramentum et sal cum aceto bullitum tineis superpositum et pulverem absinthii expellit eas. [A15; W340ff]

[58] Item sciendum est tineas alias esse nigras, alias rubeas que deteriores sunt. Tamen si eas penitus extirpare desideras, ale deplumate in quibus fuerint prius mel cum aceto et savinam tritam superpone. [W273ff]

[59] Item jusquiamum apozimate cum lana.

[60] Item atramentum, calcem, succum celidonie, distempera cum aceto et ave[88] ad solem sedente superpone tineis. Hoc fac et curabitur. [W287ff]

[61] Item de cinere mirice et edere fac lexiviam cum vino et mitte butirum et ubi tinee sunt delinito cum pluma et cave ne a cinere ullatenus tangas.[89] [W347ff]

[62] Item atramentum, mentastrum, fuliginem tempera cum aceto et trahe per pennas tineosas et per loca unde extracta fuerint. Avem vero ne se moveat vinctum per unam horam tenebis, et sanabitur.

[63] Item tortellum sandicum tere cum moro campestri et tineis superpone.

[64] Item interruscus nogarii, apium cum aceto et atramento conteratur et loca tineosa inunge sicque tinee depelluntur et penne confirmantur.

[65] Item cucumerem amarum, caule, absinthii jus decocti ut spissum sit, tineis superpone.

---

88. O *accipitre.*
89. Followed in O (f.92vb) by: *Ut possit vomere: auxugiam calidam, mel, butyrum vel simul vel per se unum idque capiat. Item si non proicit plumata, de ei murem.*

[**66**] Item [f.72r] balsamum purum in foramine tibi pene ceciderunt mitte. [Ger 12]

[**67**] Item croci orientalis [f.72ra] (et) .iii. denarios, succi recentis stercoris [anseris] per pannum colata coclearia tria, aceti fortissimi coclearia tria. Ista omnia in vase eneo [pone et] tamdiu dimittantur [bullire] quousque cum flore ipsius ad spissitudinem ducantur. Deinde per tres vices in foraminibus, ipsis aceto puro perlotis, bistumen illud iniciatur. [Ger 12]

[**68**] Item sanguisugas super tegulas incende et fac pulverem et pennas pavonum super fumum pone et ex fuligine [corr. caligine] illis adherente fac pulverem similiter equali pondere et confice cum forti aceto non minus [corr. nimis] liquide, et per ipsa foramina unde penne ceciderunt bene forti aceto lota. Rotundas peciunculas lardi in confectione illa tamdiu intinctas quousque illis inhereat. Bis in ebdomada usque dum nove veniant penne mittere procura. [Ger 12]

Ad febrem curandam

[**69**] Si avis febrem habuerit, cum fuerit super perticam tremit, claudit oculos, dormit, caput inflatur. Accipe lenticulam de fonte et fac inde pulverem et da ei manducare cum carne sua. [A17; AM 5; DP cxiii cf. Ep.26.3].

Ad restringendum vomitum
[O De vomitu]

[**70**] Vomitum sic sedare poteris: manentem[90] eum jejunum adaquabis nichilque ante vesperam ei ad comedendum

---

90. O *si accipiter vomuerit carnem mane eum j.*

dabis; ad vesperum vero eum suricibus vel parvis oisellis cibabis. [A11; DP lxxxii, 2285ff]

[71] Item coque folia lauri in vino donec due partes vini consumantur. Illo vino potetur pullus galline donec bibendo moriatur, qui detur ei calidus ad comedendum. [DP lxxxii, 2332ff]

[72] Item caro quam dabis ei parum bulliatur in aqua pluviali vel communi. Ciminum quantum potes capere tribus digitis et tres cimas tenelli lauri (et) dimitte bullire satis et illa decoctione bibita finde palumbum[91] in pectore et modicum da illi comedere, et si suricem parvam poteris habere, da s[ibi].

[73] Item columbellum in nido sumptum jejunare fac donec eius gorgia vacua sit et tunc ei vinum in gutture infunde ad plenum et pectus et latera cum virga collide donec emollita carne sanguis cum vino misceatur et columbellum adhuc vivum vel noviter mortuum ei dabis et sanabitur.

[f.72rb]   **De angillis**

[74] Accipe tres morsellos [frumenti] siliginei et in ore pone.

[75] Item tres pelotas lane cum succo subglutinat mente. [DP cxvii, 3401ff]

[76] Item lima calibem super carnem et cum budello galline et aceto da ei. [cf. DP cxvii, 3432f.]

[77] Item pulverem lumbricorum[92] et iecoris galline in madio mitte[93] et carni qua vescetur asperge.

---

91.   O *palum.*
92.   O *lumborum.*
93.   O *in mane carnem qua vescitur a.*

[78] Item limaturam ferri carni qua pascendus est superpone. [A18]

[79] Item pilos caude equi et crinium[94] minutissime incisos[95] ad mensuram uncie tortis undique capitibus plenos auripigmento in os eius proice.

[80] Item da ei minutissimum pulverem vitri.

[81] Item pulverem favillarum de ferro fabricatorum candentium[96] da ei cum carne.

[82] Item interuscum salicis[97] tritum pone in vino ibique carnem qua pascendus est madefac.

[83] Item interuscum mirice mitte in budellum galline et pone in os eius. [DP cxvii, 3415ff]

[84] Item jus serpentarie in budellum galline[98] mitte et liga ex utraque parte et quantum capere poterit per tres dies pone in ore eius. Probatum est. [A18; DP cxvii, 3423ff]

[85] Item carnem pulcini da ei cum pulvere satureie. [A18]

[86] Item pone in os eius lumbricos vivos et claude ne exeant et morientur.

[87] Item fac de edera vas et pone intus lac caprinum et coopertum bene sub calido cinere diu percoquatur et eo lacte caro quam sumpturus[99] est intingatur et[100] non solum angille sed etiam pediculi morientur. [A18; DP cxvii, 3435ff]

94.   O *c. qui eminent.*
95.   O *i. carnibus super adde. Item budellos galline incisos ...*
96.   O *cadentium.*
97.   MS *salicum.*
98.   O *columbe.*
99.   O *suscepturus.*
100. O *et hoc antidoto.*

[88] Item tolle lanam cum succo et fac inter digitos tres pilotas cum u[n]cto veteri et mitte in os eius et morientur. [AM 10]

[89] Item tolle interuscum de genesto et mitte in budello pulli et budellum mitte in os eius et bene curabitur. [A18; AM 11]

[90] Item tolle lanam cum succo et confice cum uncto veteri et una nocte dimitte iacere in acetum et mane intinge in melle et mitte in os eius et tene illum una hora ne se possit movere et sanabitur. Probatum est. [AM 12]

[91] Item tolle budellum pulcini teneri bene lotum aqua et fac inde tres nodellos ad mensuram pollicis et firmiter ex utraque parte ligans filo imple oleo lucidissimo et in gorgia accipitris, falconis seu austuris pone. In crastino vero tolle git, rasure eboris et stercoris passeris ana denarium unum, fac subtilissimum pulverem et cum carne calida ei tribue. [Ger 8]

[f.72va] In tercia die pellem combure troite decorticate et in testo calido sine fumo et flamma tolle denarium unum rasure eboris et stercoris passeris equaliter denarium unum tere et cum carne calida tribue. Quarto vero die subtilissimam limaturam acciatii cum equali pondere pulveris git et indigo. Similiter cum carne calida tribue et usque in diem nonum bis in die aquam bibere tribue.

Ad lapidem confringendum

[92] Propter lapidem caro quam sumpturus[101] est jure petrosilini et saxifragie intincta[102] lapidem conturbat et disrumpit.

101. O *commesturus.*

[93] Item pulvis leporis cum interioribus adustis carnibus quibus vescitur[103] aspersus lapidem amputat et proscindit.

[94] Item vesica apri repleta sanguine hirci triennis edera pasti per caniculam eundem morbum curat.

[95] Item per mustum noviter expressum et in os pulli assidue iniectum eodem pullo suffocato eundem refice.

[96] Item minimo et gracili veteris lardi frusto ternis ordei granis admixtis clistizabis.

[97] Item alam galline jure garbantie[104] madefactam et intinctam comedat. Si vero non profuerit, dabis ei unam gorgiam lardi crudi et sanabitur. Verum in subsequenti die nichil ei ad comedendum dabis sed aqua tamen offeratur. [cf. A19; W542ff]

[98] Item Adrianum si balsamo sit temperatum.

[99] Item aloe mundam carni imprime.

[100] Item rafanum, enulam,[105] salviam, satureiam, pulegium, sempervivam cum vino et lardo de spina dorsi[106] sumpto per diem integrum decoque et panno colata cum carne ei tribue et sanabitur. Probatum est.

[101] Item carnem porcinam jure nepte madefactam frequenter edat.[107]

102. O *iterata.*
103. O *utitur.*
104. O *carbacie.* Cf. A19 'grumillo', W 542 'grebeche'
105. O *enumeramus.*
106. O *porci.*
107. O adds (f.92va) *Pro solutione habenda radicum qua utimur in qua nulla turiditatis vena appareat tres rotulas ad modum grani ordei rescisas butyro involve et accipitri dona deinde ad solem sedeat. Item carnem in aqua*

[102] Constipationem que ex lapide fit sic curare poteris: Tolle pellem parvi muris equaliter mixtam cum melle, butiro et acerbo oleo et in pastum sibi tribue. Deinde aquam oleo mixtam bibere tribue.[Gris 7]

[103] Item auripigmentum tritum asperge super carnem suricis et da ei ad edendum.

Pro solutione habenda

[104] Carnem in aqua bulliente positam dehinc jure spurgie cum butiro admixto intinctam ei dona et curabitur.

[105] Item caro etiam aqua madefacta eadem prestat beneficia.

[106] Item moralle, portulace, [f.72vb] strinnii, sempervive jure istarum quatuor caro intincta caloris immoderati largitur remedia.

Ad curandum redum morbum

[107] Redum morbum sic curabis: rafani, sarminie,[108] cerifolii jure caro quam sumpturus est intinguatur, ut sic per rostrum reuma et per nares pituita[109] descendat.

[108] Item attramentum super prunas assum butiro admixtum, ore et naribus iniectum si cum pede porci vel galline tirare feceris, idem prestat auxilium.

[109] Item cor bufonis[110] redi morbi dicitur esse remedium.

bullientem positam dehinc jure spurgie cum butyro ammixto intinctamei dona et curabitur.

108. O *sarminia.*
109. O *pituitas.*
110. O *Item ferrum* [blank] *cor bufonis comixtum.*

Ad fastidium ciborum

[110] Fastidium ciborum sic pellere poteris: Ratonis crotas in aqua mitte et unge os eius nec permittes eum ante vesperas manducare. Tunc detur caro pulcini cum aqua frigida et fac illum multum tirare.[111] Quod si adhuc comedere dedignatur, pulvere salvie frica os eius cum palato et linguam et cum calamc de illo pulvere suffla in nares eius. Hoc triduo facto, parvos ei dabis oisellos.[112] [AM 14]

[111] Item pulverem urtice grece[113] defectu lune collecte cordi pulcini asperge et cum sanguire eiusdem pulcini illud eidem dona. [DP lxxxiii, 2363ff]

[112] Item patellatam de ovis ad manducandum ei dona et ter cotidie ei porrige aquam. [AM15]

[113] Item accipe gallinam et fortiter pectus vino inebriatum percute usque dum sanguis ad pellem ascendat. Deinde pulverem seminis aneti et satureie cum sanguine illo confectum in corde pulcini sibi tribue. Sanat enim caput. [Ger 19, xvi–xvii 'Si avem vis mittere in mutam']

Propter bisticosum

[114] Si bisticosus fuerit qui morbus ab interioribus procedit,[114] tene eum in manum et fundamentum eius cura in circuitu et salsa facta de mensa[115] salis intinge plumam in ea et mitte in fundamentum eius et sanabitur.

111. O *trahere.*
112. O *morcellos.*
113. MS *gra magie,* O *dertice grece.*
114. O *p. eo quod humorem in corpore non habet.*
115. O *nida.*

Deinde aquam bibat et caro quam sumpturus est jure jovis barbe intinguatur.

[115] Item accipe satureiam et malvam cum adipe porci et in aquam multum coque et in os eius[116] inmitte donec tria coclearia plene inde sumat. Postea integrum fel porci sive pulcini necnon calidum [f.73ra] porci pulmonem ei dabis eumque donec sanus sit. Jejunum aqua potabis, ad vesperum vero eum butiro cibabis. [A21]

Ad infirmitatem capitis

[116] Pro infirmitate capitis coque eum super nares ubi vene junguntur et pedes eius fortiter liga ut non possit venire[117] ad cocturam. Et cum hoc feceris, sub caldaria tepida mitte tota nocte et sub ora caldarie mitte petras ut sit a terra dimidio pedis et sanabitur. [W217ff; cf. DP lxxxvii, 2509ff]

[117] Item de salgema frica palatum eius et fac eum multum trahere[118] et hoc frequenter fac et sanabitur.

[118] Item limaturam de ere[119] mitte in carne pulcini et da ei manducare.[120] [A18; DP lxxxviii, 2551f]

Ad maculas oculorum

[119] Si aliquam maculam oculorum in oculis habuerit, pulverem piperis et aloe equali tritum[121] pondere

---

116. O *accipitris.*
117. O *evenire.*
118. O *t. ad nervos de pullo veteri.*
119. O *limaturas de ferro.*
120. O f.93rb adds: *Si accipiter multum infirmatur et multam aquam bibit, lac capre da ei et si illud biberit, sanabitur.*
121. O *tere.*

super[122] ipsam in oculo mitte. Sed si tempus est quod prunellas silvaticas possis habere, tres guttas succi illarum super maculam pone,[123] et sanabitur.

Ad infirmitatem pulmonis aut gorgie

[**120**] Si in pulmone aut in gorgia mala sit congregatio, accipe st[er]coris passeris et stercoris muris equaliter duos denarios, aloe denarium medium, piperis albi g[ra]na quinque,[124] lane succide[125] denarios duos. Tere omnia et misce in melle et olei puri mitte guttas sex,[126] lactis femine nutrientis masculum guttas .ix., butiri quantum sufficit misce ut electuarium .s. tres pelotas[127] ad modum avellane in gorgia illius mitte. Et tene illum in manum per duas horas diei ut totam potionem evomat. Et cum totam vomuerit, post modicum pone iuxta aquam. Et si ex ea biberit, postmodicum pasce illum calido pulmone et corde agni lactentis teneri, nondum pascentis herbam ut plus [calido] potueris. Postea vero alia carne suavi illum pasce assidue. Da ei passerem sufficienter et pulcinum, et sanabitur.[128] [DP xciii, 2757–804; Ger 6]

[**121**] Item si bulsus[129] est, accipe auripigmenti triti denarium unum, piperis grana .ix. et facto pulvere cum carne calida sibi tribue. [DP lxxxviii, 2560–66; Ger 7]

---

122. O *et super.*
123. O *inice.*
124. O f.93rb adds: *salis gemme denarios duos.*
125. MS *succide de lana.*
126. O *.v..*
127. O *pignulas.*
128. O adds (f.93va) *Ut nunquam infirmetur, eltiam [corr. enulam] et ebulum et rutam.*
129. O *pulsus.*

[122] [f.73rb] Item tolle tres peciolas lardi quas inglutire possit et intinge in melle. Deinde superasperge limaturam ferri et in gorgiam sibi mitte. Hoc fac per triduum vel sibi aliud tribuens in quarto vero die. Tolle pulcinum tenerum et cum vino multum inebria sicque calefac pectus eius ad ignem et cum bene calefactum fuerit, percute pectus ut sanguis cum vino misceatur. Deinde pectus ipsum sic calidum in calido lacte capre intinge et per aliud triduum tali eum cibo pasce tenens illum in manum ne ipsum cibum evomat. Postea vero passeribus et aliis suavibus avibus illum pasce et pro certo sanabitur. [DP lxxxviii, 2567–94]

[123] Si in renibus patitur, pulverem gamandree in corde pulcini in pastum sibi tribue. [Ger 9]

Ad siccitatem

[124] Ovum cum lacte caprino in sartagine munda usque ad duritiem sine fumo bulli et bis vel ter ad comedendum tribue. Si maltaverit, liberabitur. [Ger 11]

Ad pedes sanandos

[125] Si poros in pedibus habuerit, accipe corticem juniperi sicci et facto subtilissimo pulvere per .ix. dies intermittendo cum carne tribue et sanabitur. [DP cvii, 3125ff; Ger 13]

[126] Item si pedes inflaverint, aloe et albumen ovi insimul tere, deinde super incudem in qua ferrum acuitur ita ut acutio illa bene ibi inhereat frica tantum quod omnis acutio illa confectione elevetur sicque pedibus inflatis superpone quousque crustam super faciat. Alia vero die

optimo sapone superunge, in tertio fac ut supra. [DP cviii, 3133ff; Ger 14]

[127] Item si caro illi in aliquo loco supercreverit, accipe calumbutis [corr. cartarum bombicis], aloe, calcinam equali pondere et factum pulverem superpone et sanabitur. [DP cix, 3147–52; Ger 15]

[128] Item accipe pulverem millefolie, saxifragie, plantaginis et verbene equaliter tritum cum calida carne sibi tribue, et sanabitur. [DP cix, 3153–8; Ger 16 'Ad fumum tollendum']

[129] Item ad pedes: ad pedes colorandos et ut melius et citius mudetur fac pulverem de sanguisugis et carnes quibus vescetur superasperge.

[130] Quando infirmatur, da ei pecorinam carnem macidam vel carnem suricis. [Gris 2]

[131] Item si propter fumum infirmatur, mitte in unaquaque nare vinum mixtum cum obsomagaro equali mensura tres guttas et pone ad solem per unam horam. Deinde da ei ad comedendum carnem nervosam. [Gris 3]

[132] Item si infirmatur ut mori [f.73va] estimetur, columbum in arbore natum sibi tribue. Si bene digesserit, vivet, sin autem morietur. [Ger 18]

[133] Accipe enulam, ebulum, rutam, malvam, serpillum, rosmarinum, sed minus quam de aliis anxugiam porci qui nondum manducaverit glandes bulli in vino et exprime et cola et pinguedinem da ei et sic ab infirmitate in perpetuum[130] liberabitur. [AM 6][131]

---

130. O *a febre liberabitur*. The receipt is repeated on f.93va under the heading *Ut nunquam infirmetur* and ending *mitte_bullire in vino cum*

[134] Si pipidam habuerit, comedat butirum cum lardo, sed butirum assidue ad passionem curandam.[132]

[135] Si intestinum habuerit strictum, adriana balsamita facta potione intinctam in fundamento eius pone.

[136] Item tudellum malve in aqua donec mollescat coctum dehinc cum butiro tritum et iterum cum eodem bullitum colabis et de natante desuper[133] eum separatim cibabis.

[137] Item de carne vaccina fac ei morsellos quam maiores pati potuerit et donec albescant in aquam calidam mitte et ea carne utatur. [A20; AM 4][134]

---

sagma uncti et extorque sicut cera et_da accipitri manducare per noctem et non infirmabitur.

131.   O adds (f.93ra) *Si accipiter parvus sit in malleolo plus justo afflictus vel malo cibo ut carne arietis vel aliis vel alia passione corrumpitur, intinge carnem qua pascitur succo minimi vinci.*

132.   O adds *Item pupidam curare poteris subscripto antidoto: linguam eius modicum rade, fel superpone, et si postea apparuerint, comedat lardum cum butyro, sed butyrum assidue. Si pupidam habuerit, cape linguam eius et cura et inice super eum mel modcum et desubtus videbis pellem album. Si postea malum demonstraverit, da ei butyrum manducare et, si voluerit, mitte in os eius lardum.*

133.   O *desuper natanti.*

134.   O adds (f.93ra) *Si accipitri ut rupto prodesse volueris, consolide minoris radices cum foliis tere et rupture appone. Item levistici foliorum, apii, caulis veteris, feniculi, aneti, coliandri semina et folia vel radices in mortario cum aliquanto aque trita et colata et cocta infricdata da ei vel .vi. vel sponte et in jure eorum carnem quam sumpturus est intinge, in obscuro loco sedeat donec sanetur. Item pro fellaria que idem morbus est genesta vel summitates et edere terestris jure carnem qua pascendus est intinge. Febricitantem poteris cognoscere et febrem, ut scriptum est inferius, depellere caducum qui vulgo 'passio' appellatur. Cibri minimi vinci intinctis expellere poteris. Scire autem debes morbum hunc nasci ex calore nimio plerumque ex ciborum vicio que ei dantur a mitricture sue primordio utpote caro vervescina vel bovina. Sic liberabitur a pulsitudine. Es limatum frequenter dabis in vino et jejuno sanabitur. Item radicem rafani coque in butyro maiense et jejuno da. Item auripigmentum tritum ei dona in escis carnis. Item auripigmentum cum corda pulcini sine*

[138] Si non poterit digerere, accipe alam galline vive, per aquam bullientem detrahes tribus vicibus et unaquaque vice aquam fortiter exprime et lardi parte interiora accepta et exteriora proiecta propter salem ... rade unde alam illam ... brevius in noctem illam cabis[?] et hoc facies per tres dies continuos.

[139] Ut capiat magnas aves: Si vis intalentare eum de magno oisello, mitte carnem teneram vacce vel teneri oiselli jacere in urinam vel in vino albo et da ei ad noctem inde parum manducare et crastina die mane ciba illum de lingua porci parum et ad vesperum vade in ripariam et capiet[135] magnos oisellos. [AM 8]

[140] Item accipe lardum porci recentem sine sale in ollam novam, cum vino coque infixo unco ferreo in lardo ut ita in vase pendeatur quod vino cooperiatur ne aliquam partem vasis attingat, de quo sic cocto post alium cibum becadas dabis, secunda die similiter facies, tercia die iturus in ripariam mane tribus becadis de eodem lardo non alio cibo eum pasces. Si pennam fractam habuerit, plicatam vel [f.73vb] in ala vel cauda, super tabellam valde planam suaviter et ingeniose pennam illam colloca et saliva vel aqua fracturam super et infra asperges. Deinde cinerem suavem subtilissimum et tepidum ad medietatem pugilli super fractam pones quantum cursum sagitte ite et redire poteris cinerem involutam dimittes. Postea cinerem leviter excussam pennam integram invenies.

[141] Item pennam ale vel caude si habuerit curvam vel fractam, fac aquam tepidam et fove eam et extende

pigonis comedat. Si testiculos habuerit infirmos, testiculos hyrci comedat. Bisticis dicitur quasi bis tactus eo quod bis tetigerit fundamentum.

135. O *capies.*

suaviter et salem album accipe et mastica illum et unge pennam illam, et mox sanabitur.

[142] Item si aliquo casu penne debilitate vel fracte[136] fuerint, aqua ferventi[137] inmisse, deinde in[138] frigida totidem vicibus imposite redintegrabuntur.[139]

[143] Si coxam habuerit fractam, dodoram cum uncto tritam ei alligabis.

[144] Si pro senectute cecus fuerit, super nares ubi iunguntur vene cocturam ei fac. [Ep.17]

[145] Si plus iusto clamosus fuerit, vespertilione cum pipere trito plenarie eum cibabis.[140] [Ep.21]

[146] Si fecerit ova, ova cocta manducet.

[147] Si ultra velle tuum pinguis fuerit, allium tritum da ei cum pulejo.

[148] Item carnem macram de bacone sumptam que per noctem fit in aqua comedat et frequenter aquam bibat.

[149] Pro interioribus curandis:[141] Si interiora pro venatione infirmantur, noctuas calentes et vespertiliones per triduum comedat.

[150] Item pulverem vermium qui sunt in virgis sepissime comedat quod ei circa redum et morbum capitis et pectoris plurimum juvabit.

---

136. O *contracte.*
137. O *frequenter.*
138. *in* om. O.
139. O *inpone et integrabuntur.*
140. O adds *Si sitit que sic incipit levistici medicinam de fellaria fieri oportebit.*
141. A red rubric in O.

[**151**] Si sangas[?] habuerit, cultello morbum incide et butiro cum sale et sapone inunges et pulverem seminis lini aut centauree incisione pone et donec hec peragerantur os eius apertum.

[**152**] Si infra corpus doluerit, da ei columbam per unam horam infusam et aquam in sapam minu ...[illegible]

[**153**] Si habet [f.74ra] vermem absconsum, reuponticum pisatum in ipso loco pone.[Gris 16] Si ale eius cadunt, butirum (butire) cum carne per usum sumat.[Gris 17] Si non bene digerit, calidum mel cum carne sumat. [Gris 18] Si dolorem stomachi patitur, comedat carnem[142] mixtam cum oleo roseo veteri et sale superaspersam. [Gris 20] Si dolet intus, cerebrum pecudis cum reupontico mixtum sumat.[Gris 21] Si nodos in pedibus habuerit, fel talpinum et albumen ovi cum olibano et mastice et albo marmore inmixtum et positum in pelle alba superpone nodo. [Gris 22] Si non bene digerit, gipsum crudum tritum superaspersum carni sumat.[143] [Gris 19] Ut hominem diligat, apium, mentam nigram, petrosilinum insimul tere et cum carne calida tribue. [Ger 23] Si nares eius spumant quod fit propter pipitam que creatur ex aqua, mitte ei per nares tres guttas fortis obsomagari. [Gris 4] Item si cum saturatur flatare non possit propter palatum inflatum, tolle limaturam ferri et asperge carnem et da ad comedendum. [Gris 5] Si propter carnem putridam commestam fleumam habuerit, da ad comedendum glironem, et sanabitur. [Gris 6] Si percussus fuerit, statim da ei carnem calidam ad comedendum cum dispumato melle per tres dies.

---

142. O *carnem nugi*.
143. O adds (f.93rb) *Cum accipiter est pulsus et postea corripitur, accipe radicem minimi junci et fac jus et intinge ibi carnem eius, et sanabitur.*

Post dies quinque tolle columbum vivum et superasperge carnem eius de pulvere reupontici, et da ei in pastum. [Gris 9] Si macidus sit, unge carnem porcinam ex melle et butiro et oleo rancido, et da ei in pastum. [Gris 10] Si multum incrassatur, da ei fluvialem testudinem. [Gris 11] Si nimis est frigidus, da ei carnem cum butiro. [Gris 12] Si suas pennas comedit, infunde eas vino et superasperge pulverem malogranati incensi. [Gris 13] Si lumbricos habuerit, [nec] volucrem nec feram vult capere, tunc pa[s]tillos edere sibi tribue. [Gris 14]

[154] Contra acus quas aves patiuntur quando plumant ventrem, budellum galline intus et extra optime purgetur et inversetur et jus absinthii in eo conclude, per frustra sectum, et cum filo ligatum ex utraque parte ut amaritudinem non sentiat, dabis ad comedendum.

[155] Quando naribus sufflat, pulverem attramenti super carbones in testa combusti cum calamo naribus insuffla.

[156] Ad palatum restringendum: mel vetus, butirum et celidoniam tere equali pondere et factum[144] pulverem in carne calida sibi tribue. [Ger 4]

[157] Item aneti[145] et piperis grana sex insimul tere et cum pullina carne sibi tribue. [Ger 4,iii]

144. O *fac.*
145. O *a. sicci.*

ANNEXE

The Final Chapter in O f. 93va–b

Capitulum ultimum: Si quis accipitris curandi studium habuerit, primo eum scire oportet quia numquam erit accipiter ptisicus nisi pro rostri magnitudine. Cum enim carne pascitur nec eam glutire valet propter longitudinem rostri palato herens offa carnis per nares spirando spuma prius colligi in naribus et sic paulatim ptisicus efficitur. Quod ne proveniat quandocumque oportuerit rostrum ei tacito diligenter incidere et sepius cum glarea ovi acurate per spumam factam fortiter eum trahere in nervosis ossibus dum pascis.

Si vero inscicia aut incuria iam ptisicus effectus est, sic curabitur. Rutam, malvas, apium tere et jus earum per lintheum cola. Deinde adipem porci pasticii non silvestris aut agrarii diligenter fixum et colatum in patella calefacito, et cum incaluerit, duas partes adipis et tertiam juris herbarum equissime misce et in buxta repone ut coaguletur. Ex quo sero ante ignem supra cirothecam pascatur post pastum carnis quod si in capite ita occupatur ut etiam non videat, accipe ferrum flebothomie aptum et ambas venas oculorum inter nares et oculos incidet. et si comedere etiam nequit, accipe mures parvulos et passeres teneros qui vulgo 'musnelli' dicuntur eique antepone ut modicum ex illis sumat quodlibenter faciat. Hoc enim eum et manducare citius faciet et solutionem dabit. Si vero cibum suum vomit aut carnem fastidit, aquam ei per sepe da bibere neque pascas usque nocte et cum pascis eum carne calida et deliciosissima habeto pulverem de semine herbe minute que dicitur 'neya' .i. audita que in maceriis et saxis vel teritis nascitur que etiam vulgo 'canmum' dicitur et super carnem sparge et post pastum ei plumatum da, quod et ad volandum et ad comedendum eum animabit cibumque suum tenere faciet. Si autem nimis crassum accipitrem vis exsanguinare, pulcinis tenerrimis eum pasce aut pulmone. Si vero egritudine aut labore nimis macillentum vis incrassare, pasce eum filui .i. fecato porci quam calido potes cum ipso reticulo et crassitudine que in eo est. Si autem habuerit ungulas in capud ita ut amittat oculos, [f.93vb] dabis nocturnem avem ad comedendum calidam. Contra superseminaturam accipe grana murrele .i. amarelle et fac inde pulverem et pone super carnem et dabis ad comedendum.

SELECT BIBLIOGRAPHY

J.E. Cooper, *Birds of Prey: Health and Disease* (London, 1995)

J. Cummins, *The Hound and the Hawk: the Art of Medieval Hunting* (London, 1988)

D. Evans, 'La tradition de fauconnerie en vers provençaux: *Dels auzels cassadors*, son intérêt culturel', in *La Chasse au moyen âge: actes du Colloque de Nice (22–24 juin 1979)*, Publ. de la Fac. des Lettr. et des Sc. hum. de Nice 20 (Nice, 1980), pp. 9–17

—, 'Difficulties in the Botanical Lexis of the Old Provençal Falconry Treatise: Daude de Pradas and Adelard of Bath', in *Studia Occitanica in memoriam Paul Remy*, ed. H.E. Keller (Kalamazoo, 1986), pp. 281–89

—, 'Adelard on Falconry', in Ch. Burnett, ed., *Adelard of Bath: an English Scientist and Arabist of the Early Twelfth Century* (London, 1987), pp. 25–27.

E. Ford, *Falconry: Art and Practice*, rev. ed. (London, 1995)

P. Glasier, *Falconry and Hawking* (London, 1978, 1986, 1998)

C. H. Haskins, 'Some Early Treatises on Falconry', in *id., Studies in the History of Mediaeval Science* (Cambridge, 1927), ch. xvii, pp. 346–55

G. Tilander, *Glanures lexicographiques* (Lund, etc., 1932)

—, 'Fragment d'un traité de fauconnerie anglo-normand en vers', *Studier i modern språkvetenskap* 15 (1943), 26–44

A. L. Trombetti Budriesi, *Frederico II di Svevia, 'De arte venandi cum avibus'/ 'L'Arte di cacciare con gli uccelli'. Edizione e traduzione italiana del ms. lat. 717 della Biblioteca Universitaria di Bologna collazionato con il ms. Pal. lat. 1071 della Biblioteca Apostolica Vaticana* (Roma-Bari, 2002)

R. Upton, *Falconry: Principles and Practice* (London, 1991)

B. Van den Abeele, *La Fauconnerie dans les lettres françaises du XIIIe au XIVe siècle*, Mediaevalia Lovanensia Ser.1, Studia 18 (Leuven, 1990)

—, 'Les Traités de fauconnerie latins du XIIe siècle: manuscrits et perspectives', *Scriptorium* 44 (1990), 276–86

—, *La Fauconnerie au moyen âge: connaissance, affaitage et médicine des oiseaux de chasse d'après les traités latins* (Paris, 1994)

—, *La Fauconnerie au moyen âge: la littérature cynégetique*, Typologie des Sources du Moyen Age occidental fasc.75 (Turnhout, 1996)

— with A. Smets, 'Manuscrits et traités de chasse français du moyen âge. Recensement et perspectives de recherche', *Romania* 116 (1998), [316–67] 356–57

F. Viré, 'La fauconnerie dans l'Islam médiéval (d'après les manuscrits arabes, du VIIIème au XIVème siècle,' in *La Chasse au moyen âge: actes du Colloque de Nice (22–24 juin 1979)*, Publ. de la Fac. des Lettr. et des Sc. hum. de Nice 20 (Nice, 1980), pp. 189–217

M. H. Woodford, *A Manual of Falconry*, Fourth ed. (updated and with additions by Roger Upton) (London, 1987)

EDITIONS

Adelard of Bath, *Conversations with his Nephew: 'On the Same and the Different', 'Questions on Natural Science', and 'On Birds'* ed. & transl. by Charles Burnett, with the collaboration of Italo Ronca, Pedro Mantas España and Baudouin Van den Abeele (Cambridge, 1998), pp. 237–74

Daude de Pradas, *The Romance of Daude de Pradas called Dels auzels cassadors edited ... by* Alexander Herman Schutz, [Ohio] Contributions in Languages and Literature 11, Romance Language Series (Columbus, Ohio, 1945)

G. Tilander, ed., *Dancus Rex, Guillelmus Falconarius, Gerardus Falconarius: les plus anciens traités de fauconnerie de l 'occident publiés 'après tous les manuscrits connus*, Cynegetica 9 (Lund, 1963)

—, *Traductions en vieux français de Dancus Rex et Guillelmus Falconarius*, Cynegetica 12 (Karlshamn, 1965)

—, *Grisofus Medicus, Alexander Medicus: deux traités latins de fauconnerie du XIIe siècle publiés avec des traductions en vieil italien de Grisofus et une traduction en vieux français d'Alexander*, Cynegetica 10 (Lund, 1964)

ANGLO-NORMAN

Ian Short, *Manual of Anglo-Norman*, Anglo-Norman Text Society, Occasional Publications Series 7 (London, 2007)